ジャースイーツ
Jar Sweets

隈部美千代

「はじめに」

私には大切な思い出のびんがひとつあります。12、3年くらい前、マダムが切り盛りする南フランスの小さなホテルに、料理の勉強のため1週間だけ滞在したことがありました。キッチンの脇には収穫されたばかりのいちじくがいっぱいに入った鍋があり、コンフィチュール（ジャム）を作る準備をしているのね、と楽しみにしていました。明日かあさって、クロワッサンやブリオッシュといっしょに食卓に並ぶのだろうと……。
ところが、2、3日たってもマダムはジャムを作る気配がありません。しびれを切らした私は「これはどうするの？」「いつ作るの？」と毎日のように聞きましたが、マダムは「まだまだ……」と渋い表情。ジャム作りは、フルーツと砂糖をまぶして一晩程度おき、フルーツから充分な水分を出した後に火にかけるのが一般的です。いちじくは皮つきで水分が出るのに時間がかかるからなのか、結局、滞在中は最後まで口にすることはできませんでした。
パリへ戻る朝、キッチンへ行くと、完成したジャムが入った大きなびんが置いてありました。マダムがお土産にと私の寝ている間に作っていたのです。もしかしたら、まだまだ作る段階ではなかったかもしれないジャム。びんの中にはマダムの愛情も詰まっていて、私は感動して思わず抱きつきました。
日本に持ち帰ったジャムはとてもおいしくてあっという間になくなってしまったのですが、びんはきれいに洗い、今でも手作りのジャムやコンポートなどを入れて楽しんでいます。そのびんを見るたび、あの朝の感動を思い出し、幸せな気持ちになるのです。きっとこれからも使い続けていく大切な保存びんです。

最近のジャーブームとともに、マダムからいただいたびんが、フランス製の密閉びん「ル・パルフェ」のものだと気づきました。そしてガラスびんの中に食品を入れて密封、加熱殺菌して長期保存する方法は、19世紀ナポレオンの時代にフランスで発明され、現在の缶詰製法のルーツであることを知りました。ジャーとは英語で保存びんのことをいいます。

本書では、密閉性に優れたジャーの特徴をいかし、湯せん調理によって作りおき可能なプリンやコンポートを紹介しています。材料をジャーに入れて煮沸するだけの簡単調理ですが、煮沸によりびん内が殺菌、真空状態となり、作りおきが可能となるのです。まさにナポレオン時代の作り方です。

耐熱性に優れたジャーで作るチーズケーキやチョコレートケーキ、空きびんなどを利用して手軽に作れるゼリーやババロア、デコレーションが苦手で敬遠しがちなショートケーキも、ジャーの力を借りればかわいくてステキなスイーツになります。なにより、でき上がった後に、ラップやホイルで包む必要がなく、ふたをしてそのまま保存できるという便利さや、リボンを結んだり、シールを貼ったりして、そのままプレゼントにすることもできるのが魅力です。

紹介したレシピは、スーパーで入手できる材料で、なるべく簡単に作れるように、鍋や電子レンジを活用しています。旅先で購入したり、お土産でいただいた思い出のびんを再利用したり、密閉耐熱性に強いジャーで湯せんやオーブン調理を楽しんだり、作りおきスイーツで日々の疲れを癒すのもいいですね。

ジャースイーツのアイデアは無限大。あなたの作るジャースイーツで、ご家族、お友達が笑顔になりますように……。ジャーにおいしさと愛情をたくさん詰め込んでください。

隈部美千代

ジャースイーツをおいしく作るために

{ジャーについて}

大人気のジャーは大きさも形もいろいろあり、作るものに合わせてチョイスできます。加熱調理の際は、特に取り扱いに気をつけましょう。

チョコレートケーキ、チーズケーキにおすすめ

平たいジャーは熱がまんべんなく伝わりやすく、ニューヨークチーズケーキ（P71）、蒸し焼きガトーショコラ（P81）などの焼き菓子向き。広口タイプなら食べやすさも◎。
左・メイソンジャー エリート（約250ml）
右・WECK Mold Shape（250ml）

バーアイスにいいミニサイズ

容量が50〜100ml前後の小さなジャーは、1人分のバーアイス（P47）やホットチョコレート（P84）などにちょうどいいサイズです。少しだけ食べたい濃厚なスイーツなどにも。
WECK Mold Shape（80ml）

レイヤーケーキ、焼き菓子などに万能

縦長のジャーは、冷たいスイーツ（P10〜32）、レイヤーケーキ（P57）、マフィン（P90）にもOK。中のものを取り出したいときは、口がすぼんでいない寸胴タイプを使います。
左・メイソンジャー レギュラーマウス（約250ml）　右・メイソンジャー キルトクリスタル（約250ml）

1人分にジャストサイズ

容量が200ml前後のジャーはプリン（P35）、ババロア、ムース（P10〜32）など、冷たいデザートにおすすめ。1人分にちょうどいい大きさです。
左・WECK Tulip Shape（220ml）
右・WECK Mold Shape（160ml）

スイーツ以外にも使えてあると便利

容量約500mlのジャーはドリンク（P33）などに。保存容器としても便利な大きさで、スイーツのまとめ作りをはじめ、サラダやお弁当の器としても使えます。
左・メイソンジャー レギュラーマウス（約500ml）　右・メイソンジャー ワイドマウス（約500ml）

ドリンクにぴったりのジョッキタイプも

メイソンジャーの中には持ち手がついているものも。中ぶたをストローがさせる穴あきタイプに替えればドリンク（P33）向きに。ふたは別売りです。
メイソンジャー マグ（約500ml）

手持ちのガラスびんも使えます

冷やし固めるだけのゼリーなどやレイヤーケーキ作りには、ジャムなどの空きびんを利用してもOK。ただし、耐熱性が確認できず、破損の危険性があるので、加熱調理には使わないでください。

＊本書では、調理に使用でき、保存性のあるガラスびんのことをジャーと呼びます。
＊ジャーは、保存にも湯せん調理などにもいい、ふた付きの密閉できるものを使います。
＊オーブン調理や湯せん調理には、必ず"耐熱性の高いジャー"を使います。ジャーを購入するときは必ず耐熱温度を確認してください。
＊ガラス製のジャーは急な温度変化が苦手です。いきなり熱湯に入れたり、急激に冷やしたりしないようにしましょう。
＊ジャーの容量の単位はmlです。調理の前にお手持ちのジャーの容量を確認してください（oz＝オンス表示のジャーはレシピではmlに換算しています。実際の容量とは多少異なります）。
＊保存に使用するときは、5ページの要領で煮沸消毒すると安心です。12ページ以降に記載の保存日数は、きちんと煮沸消毒したジャーを使い、未開封状態の目安です。保存日数を記載していないレイヤーケーキ（Part2）は、作った日に食べてください。
＊ガラス製のジャーや金属製のふたは取り扱いに充分に注意し、破損したり、ケガのもとにならないように気をつけましょう。

＊本書ではおもにアメリカ・Ball社のメイソンジャー、ドイツ・WECK社のキャニスターを使用しました。

{材料について}

おいしいジャースイーツを作るには、材料をきちんと用意することが大切。レシピで使用する材料に合わせて準備しましょう。

<材料の基本>

・卵はLサイズ、牛乳は成分無調整牛乳、バターは食塩不使用のものを使います。
・生クリームは乳脂肪分40〜45%のものがおすすめです。
・砂糖はまろやかな甘さで淡い色がついたきび砂糖を主に使用。ただし、真っ白に仕上げたいクレームシャンティ（生クリームを泡立てた基本のホイップクリーム）などには、上白糖やグラニュー糖を使います（好みで、すべて上白糖やグラニュー糖でもOK）。

<下準備>

・材料はすべて常温に戻します。
・薄力粉、ベーキングパウダー、ココアパウダー、抹茶などの粉類は、ふるいます。
・粉ゼラチンは説明書きにある分量の水に入れてふやかします。
・生クリームの泡立てなどに使う氷を用意しておきましょう。
・湯せん調理などに使うぬるま湯を沸かしておきましょう。
・くるみ、アーモンドなどのナッツは、ローストしておきます（右記）。

❶アルミホイルの上にナッツを広げ、すっぽりと包む。
❷この状態でオーブントースターで15分くらい焼く。
★オーブンで焼くなら、オーブンペーパーを敷いた天板にナッツをのせ、150℃で15分くらい焼く。

{調理について}

ふつうのお菓子作りと基本は同じですが、加熱調理はジャーに適した2つの方法をおすすめします。

<調理の基本>

・加熱調理の際は、必ず耐熱性の高いジャーを使ってください。
・計量スプーンは大さじ1=15mℓ、小さじ1=5mℓです（1mℓ=1cc）。材料はすべてきちんと計量します。
・電子レンジの加熱時間は600Wの場合の目安です。500Wの場合は1.2倍の時間にするなど、お手持ちの機器に合わせて加減してください。なお、加熱時間は容器や材料の温度や状態によっても異なります。
・焼き菓子はジャーの内側にバターを薄くぬっておくと、取り出しやすくなります（写真）。
・オーブン調理の際は、あらかじめオーブンを予熱の設定にし、温めておきます。
・加熱調理後のジャーは非常に熱くなっています。取り出すときはトング、ミトンなどを使用し、やけどなどをしないように気をつけてください。

<湯せん調理>

密閉したジャーを鍋に入れてぬるま湯をひたひたに注ぎ、弱火でゆっくりと火を入れる方法で、プリンなどをよりなめらかに仕上げられます。
★この調理法はジャーの中が真空状態になるため、ふたを開けなければ長期保存が可能です。真空密閉されたかどうかはジャーのふたが簡単に開かないことでチェックできます。長期保存する場合は、しっかり閉じているかどうか必ず確認してください。
★湯せん調理するレシピは、右記のようにオーブン調理することもできます。その場合は、上面に焼き色がつき、保存期間が異なります。

<オーブン調理>

チーズケーキなどのしっとりさせたい焼き菓子は、ジャーをぬるめの湯を張ったバットにのせてオーブンで焼く方法がおすすめです。
★適当なバットがなければ、オーブンの天板にふきんを敷いてジャーをのせ、天板に直接湯を張ってもOK。ときどき様子を見て湯を足し、なくならないようにしてください。

プリンはオーブン調理もできます。

｛盛りつけについて｝

ジャースイーツは側面の表情が楽しみ。
彩りやバランスに気をつけて、かわいらしく仕上げましょう。

＜クリームの扱い＞
・クリーム類の盛りつけは温めたスプーンで行うとスプーン離れがよく、盛りつけやすくなります。スプーンを湯につけて温めたら、水けをふいて使います。

＜レイヤーにするとき＞
・ゼリーやムースを2層、4層のレイヤーにするときは、下の層の表面が充分に固まってから次を入れます。固まる前に入れると混ざってしまうので注意を。
・ゼリー液がレイヤーにする途中で固まってしまったら、再加熱して溶かし、粗熱をとってジャーに入れましょう。

＜果物の切り方＞
・果物をジャーの側面に飾るときは、ぴったりくっつくように薄切りにします（小さなものなら半分のカットでもOK。断面を見せて貼りつけます）。
★果物は水けが出ないように、ジャーに入れる前に水気をよくきりましょう。

＜ジャーの選び方＞
・フルーツ寒天（P22）、アイスクリーム・シャーベット（P47〜48）、チョコレートテリーヌ（P82）、ホットチョコレート（P84）のようにジャーから取り出していただくものは、口がすぼんでいない寸胴タイプを使いましょう。

｛保存について｝

密閉できるジャーは保存性が高く、食品の常温や冷蔵保存に重宝です。
あらかじめ殺菌消毒をして清潔に使いましょう。

＜煮沸消毒の方法＞
・食品を入れる前にジャーを煮沸消毒し、自然乾燥させます。ふたの消毒も忘れずに。

❶鍋にふきんを敷いてジャーを入れ、水をかぶるくらい注ぎ、火にかける。沸騰したら火を弱めて5分ほど加熱する。

❷トングなどでジャーを取り出す。

❸ジャーをふきんの上にのせ、乾くまで、そのまま自然乾燥させる。

＜脱気の方法＞
・ジャムなどを長期保存するなら、ジャーの中の空気を抜く"脱気"を行います。消毒したジャーの八分目ぐらいまで熱いまま入れ、ふたをしっかり閉め、ジャーを逆さまにしてそのまま冷ませば完了。

★ガラス製のふたは上記と同様に煮沸消毒します。さびやすいブリキ製のふたなどは、沸騰した湯で20秒ほど煮沸消毒したあと、すぐに水気をふきます。

Contents

はじめに……2
ジャースイーツをおいしく作るために……3
　ジャーについて／材料について／調理について／盛りつけについて／保存について

Part 1　ジャーで楽しむひんやりスイーツ

ゼリー・ムース・ババロア

オレンジ風味ババロア……12
オレンジゼリー……13
バリエーション
　2層のレイヤーに／4層のレイヤーに……13
いちごのムース……16
真っ赤ないちごゼリー……17
バリエーション
　2層のレイヤーに／4層のレイヤーに……17
ココナッツパンナコッタ……20
バリエーション
　2層のレイヤーに……20
マンゴームース……21
フルーツ寒天……22
コーヒーゼリー……23
はちみつヨーグルトムース……26
フルーツマリネ……26
バリエーション
　ヨーグルトパフェに……26
　人気のグラノーラを手作り……27

マロンムース……28
チョコレートババロア……30
バリエーション
　マーブル状のババロアに……31
桃のムース……32

◆ジャースイーツを楽しく！ 1
ジャーでデザートドリンク……33
　チョコバナナシェイク／いちごミルクシェイク

プリン

昔ながらのプリン……35
なめらかプリン……37
チョコレートプリン……37
かぼちゃのプリン……38
ほうじ茶プリン……40
黒糖パンプリン……41
マンゴープリン……43
杏仁プリン……44
抹茶豆乳プリン……45

アイスクリーム・シャーベット

バニラアイスクリーム……47
ベリー・ベリーヨーグルトシャーベット……48
マンゴーヨーグルトシャーベット……48

Part 2　ジャーで楽しむレイヤーケーキ

いちごのレイヤーケーキ

いちごのミルフィーユ……54
いちごショートケーキ……54
フレジエ……55
いちごのショコラケーキ……55
いちごのトライフル……55

バナナショートケーキ……57
チョコバナナケーキ……57
コーヒーケーキ……58
抹茶ケーキ……58
アップルクランブル……60
レモンタルト……61
オペラ……62
ウィーン風チョコレートケーキ……63

◆ジャースイーツをおいしく！ 1
スポンジケーキの作り方……64
　プレーンスポンジケーキ／ココアスポンジケーキ／
　コーヒースポンジケーキ／抹茶スポンジケーキ
レイヤーケーキ用に切るときは……65

◆ジャースイーツをおいしく！ 2
デコレーションアイテムの作り方……66
　クレームシャンティ／コーヒークリーム／
　抹茶クリーム／チョコレートクリーム／
　ホワイトチョコクリーム／キャラメルクリーム／
　カスタードクリーム／クランブル

Part 3　ジャーで楽しむ人気スイーツ

チーズのスイーツ

ニューヨークチーズケーキ……71
レアチーズケーキ……73
りんごのスフレチーズケーキ……74
ティラミス……76
リコッタチーズとくるみのケーキ……77
ダブルチーズケーキ……78

カップケーキ・マフィン

チョコ＆ラズベリーのカップケーキ……87
スイートポテトカップケーキ……88
ポップオーバー……89
ブルーベリーと
　バナナのマフィン……90

チョコレートのスイーツ

蒸し焼きガトーショコラ……81
チョコレートテリーヌ……82
フォンダンショコラ……83
ホットチョコレート……84
オレンジブラウニー……85

ジャム・コンポート

いちごとバナナのジャム……92
キウイとバナナのジャム……92
みかんのコンポート……93
パイナップルのコンポート……93

◆ジャースイーツを楽しく！ 2
ジャーでプレゼントスイーツ……94

*Jar sweets recipe
Cool dessert, Jelly, Mousse,
Pudding, Ice cream etc.*

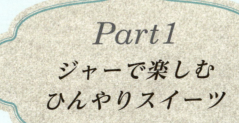

Part1
ジャーで楽しむ ひんやりスイーツ

人気のプリンやカラフルなゼリー、ババロアにムース、
アイスクリームまで、冷たいスイーツのレシピを一挙に紹介。
ジャーで作るとおしゃれに見えて、清涼感もとびきり！

Jelly・Mousse・Bavarian cream
ゼリー・ムース・ババロア

涼しげで、かわいらしい見た目が魅力の
冷たいジャースイーツ。ゼリーやムースを段々に重ねる
パティスリー風の技も、ラクにできちゃいます。

Orange bavarian cream
オレンジ風味ババロア

オレンジの輪切りがくっきり見えてキュート。

作り方は P12

Orange jelly
オレンジゼリー

フレッシュなオレンジの果肉がたっぷり。

作り方は P13

Variation
バリエーション
ゼリーとババロアを2層と4層のレイヤーに。

作り方は **P13**

Orange bavarian cream
オレンジ風味ババロア

保存：冷蔵で2〜3日

卵黄を使うババロアは、まろやかでやさしい味。
ふわりと香るオレンジの香りもごちそうです。

材料（容量250mlのジャー3個分）
卵黄……2個分
グラニュー糖……25g
牛乳……100ml
粉ゼラチン……2g
生クリーム……100ml
コアントロー……小さじ2
オレンジ……1個

★コアントローはオレンジの香りのフランス製のリキュール。
グランマルニエなどのオレンジリキュールで代用してもOK。

下準備
*粉ゼラチンは、パッケージに表示された分量の水に入れて
　ふやかす（写真左）。
*オレンジは皮をむき、2mm厚さくらいの薄い輪切りにする（写真右）。

1

耐熱容器に卵黄とグラニュー糖を入れて泡立て器ですり混ぜ、牛乳を加えて混ぜる。

2

1を電子レンジで1分加熱し、取り出してすぐに泡立て器で混ぜる。再び電子レンジで30秒加熱し、固まらないようにすぐに混ぜる。

3

ふやかしたゼラチンを2に加え、よく混ぜて溶かす。

4

3を万能こし器などでこし、ボウルの底を氷水にあてて冷やしながらとろみをつけ、コアントローを加えて混ぜる。

5

別のボウルに生クリームを入れ、底を氷水にあてながらやわらかめに泡立て（六分立て）、4に加えて混ぜる。

6

オレンジの輪切りを3枚くらいずつジャーの側面に貼りつけ、5をスプーンで等分に入れ、冷蔵庫で3時間以上冷やし固める。

Orange jelly
オレンジゼリー

保存:冷蔵で2〜3日

甘酸っぱさとフレッシュ感を味わえる爽快スイーツ。
素早く固まって透き通ったゼリーになるアガーで固めます。

材料（容量250mlのジャー3個分）
オレンジ……1個
オレンジ100%ジュース……250ml
水……50ml
グラニュー糖……5g
アガー……5g
★オレンジは缶詰のみかんで代用してもOK。

下準備
＊アガーはダマになりやすいので、必ずグラニュー糖と混ぜ合わせておく（写真左）。
＊オレンジは上下を少し切り落として皮を縦にむき、房ごとに包丁を入れて果肉を切り取る（写真右）。

1  オレンジジュースの半量と水を鍋に入れて火にかけ、沸騰したら一度火を止め、混ぜ合わせたグラニュー糖とアガーを加えてよく混ぜる。

2  1を再び火にかけ、泡立て器で混ぜながら沸騰させ、火からおろす。

3  2に残りのオレンジジュースを加えて混ぜる。

4  切り取ったオレンジをジャーに1/3量ずつ入れて3を等分に注ぎ、冷蔵庫で3時間以上冷やし固める。

Variation
ババロア＋ゼリー

2層のレイヤーに

1. ジャーの半分くらいまでオレンジ風味ババロア（作り方5の状態）を流し入れ、冷蔵庫で冷やし固める。
2. 表面がしっかりと固まったら、オレンジの果肉をのせ、オレンジゼリー（作り方3の状態）を流し入れ、冷蔵庫で冷やし固める。

4層のレイヤーに

1. ジャーの高さの1/4までオレンジ風味ババロア（作り方5の状態）を入れ、冷蔵庫で冷やし固める。
2. 表面がしっかりと固まったら（次の層からも同様）、オレンジの果肉をのせ、オレンジゼリー（作り方3の状態）を半分の高さまで流し入れ、冷蔵庫で冷やし固める。
3. 2の3/4くらいまでオレンジ風味ババロアを入れて冷蔵庫で冷やし固め、再びオレンジの果肉をのせてオレンジゼリーを流し入れ、冷やし固める。
★4層目のオレンジゼリーを入れるとき、ゼリー液がすでに固まっていたら、鍋を弱火にかけ、溶かしてからジャーに注ぎます。

Strawberry mousse
いちごのムース
いちごのかわいい形をいかして盛りつけ。
作り方は **P16**

Strawberry jelly
真っ赤ないちごゼリー
鮮やかなこの赤、いちごの自然な色です。
作り方は **P17**

Variation
バリエーション
重ねると、味や食感にも楽しい変化が！

作り方は **P17**

Strawberry mousse
いちごのムース

保存：冷蔵で2〜3日

淡いピンク色のもとは、レンジで簡単にできるいちごソース。
ふわふわのクリームを合わせて贈り物にぴったりのスイーツに。

材料（容量250mlのジャー3個分）

いちごソース
　いちご……正味100g
　グラニュー糖……65g
　レモン汁……½個分
粉ゼラチン……2g
生クリーム……150ml
グラニュー糖……10g
いちご（飾り用）……9個

下準備
＊粉ゼラチンは、パッケージに表示された分量の水に入れてふやかす。

1
いちごソースを作る。いちごはヘタを取って水洗いし、水気を取り、ブレンダーやミキサーにかけてピューレ状にする。

4
生クリームとグラニュー糖を別のボウルに入れ、角が曲がるくらいに泡立て（八分立て）、ゼラチン入りの3に加えてゴムべらで混ぜる。

2
耐熱容器に1、グラニュー糖、レモン汁を入れ、電子レンジで5分加熱する。

5
飾り用のいちごはヘタを取って縦半分に切り、6切れずつジャーの側面に貼りつける。4をスプーンで等分に入れ、冷蔵庫で3時間以上冷やし固める。ムースが固まったら、冷やしておいた3を上に流す。

3
2を80g取り分けて別のボウルに入れ、ふやかしたゼラチンを加えて溶かし混ぜる。残りの2は粗熱をとり、冷蔵庫で冷やしておく。

あまおうなど、中まで赤い品種を使ってきれいな色に。

Strawberry jelly

真っ赤ないちごゼリー

保存：冷蔵で2～3日

いちごを色鮮やかなコンポートにして、ゼラチンで固めます。
やわらかくて口どけがよく、甘い香りもそのまま。

材料（容量250mlのジャー3個分）

いちご……正味200g　　　粉ゼラチン……5g
グラニュー糖……25g
ⓐ 水……200ml
　白ワイン……50ml
　レモン汁……½個分
　グラニュー糖……50g

下準備
＊粉ゼラチンは、パッケージに表示された分量の水に入れてふやかす。

1
いちごはヘタを取って水洗いし、水気を取り、縦4等分に切る。ボウルに入れてグラニュー糖を全体にまぶし、冷蔵庫に30分以上おく。

2
鍋にⓐを入れて沸騰させ、1を加え、再び沸騰させる。アクが出たらすくう。

3
火からおろし、ふやかしたゼラチンを加えて溶かし混ぜ、鍋底を氷水にあてて、とろみがつくまで冷やす。

4
3をジャーに等分に流し入れ、冷蔵庫で3時間以上冷やし固める。

Variation
ムース＋ゼリー

2層のレイヤーに

1. ジャーの半分までいちごのムース（作り方4の状態）を入れ、ジャーの底を手でトントンとたたいて平らにし、冷蔵庫で冷やし固める。
2. 表面がしっかりと固まったら、真っ赤ないちごゼリー（作り方3の状態）を入れ、冷蔵庫で冷やし固める。

4層のレイヤーに

1. ジャーの高さの¼までいちごのムース（作り方4の状態）を入れ、冷蔵庫で冷やし固める。
2. 表面がしっかりと固まったら（次の層からも同様）、半分の高さまで真っ赤ないちごゼリー（作り方3の状態）を入れ、冷蔵庫で冷やし固める。
3. 2に¾の高さまでいちごのムースを入れて冷やし固め、再び真っ赤ないちごゼリーを入れ（固まっていたら、鍋を弱火にかけて溶かす）冷やし固める。

POINT
ゼリー液は、とろみがつくまで冷やしてからジャーに入れないと、いちごが浮き上がってしまい、バランスや見た目が悪くなるので注意。

Coconut panna cotta
ココナッツパンナコッタ
おなじみのデザートをエスニックテイストに。

作り方は P20

Mango mousse
マンゴームース
まったりした甘さ。でも口当たりは軽やか。

作り方は P21

Variation
バリエーション
ココナッツとマンゴーをドッキング。

作り方は P20

Coconut panna cotta
ココナッツパンナコッタ

保存：冷蔵で2〜3日

クリーミーなイタリアンデザートにココナッツミルクを加えました。
マンゴーなどを飾れば、見た目もトロピカル！

材料（容量220mlのジャー4個分）

生クリーム……200ml
牛乳……150ml
ココナッツミルク……50ml
グラニュー糖……45g
アガー……3g
好みのトロピカルフルーツ（マンゴー、パイナップル、キウイベリー、パッションフルーツなど）……適量

ココナッツミルク
ココヤシの果実のココナッツが原料のミルク状の液体。冷やすと固まり、缶詰の中で固まっている場合もあるので、溶かして使って。

下準備
＊グラニュー糖とアガーを混ぜ合わせる。

作り方

1 鍋に生クリーム、牛乳、ココナッツミルクを入れて火にかけ、沸騰したら弱火にし、ふきこぼれないように注意して1〜2分煮る。

2 混ぜ合わせたグラニュー糖とアガーを1に加え、さらに1分くらい煮て、火からおろして粗熱をとる。

3 2をジャーに等分に流し入れ、冷蔵庫で3時間以上冷やし固める。食べるときに、好みのフルーツを飾る。

POINT

パンナコッタは「クリームを煮た」という意味のイタリア語。生クリームなどを一度沸騰させ、さらに、弱火できちんと煮ることが大切です。

★ココナッツミルクを加えずに牛乳を200mlにすればふつうのパンナコッタに、ココナッツミルクを豆乳に替えれば豆乳風味のパンナコッタにアレンジできます。

Variation

パンナコッタ＋ムース

2層のレイヤーに

1 ココナッツパンナコッタ（作り方2の状態）をジャーに適量入れ、冷蔵庫で冷やし固める。

2 表面がしっかりと固まったら、マンゴームース（作り方4のジャーに流す前の状態）を適量入れ、冷蔵庫で冷やし固め、好みのトロピカルフルーツを飾る。

パンナコッタと
真っ赤ないちごゼリー
（17ページ）の
組み合わせもおすすめ。

Mango mousse
マンゴームース

保存:冷蔵で2~3日

濃厚な甘さのマンゴーピューレと生クリームを贅沢に使った
ふわっと軽いムース。暑い日のデザートに最適です。

材料（容量220mlのジャー4個分）

卵黄……1個分
グラニュー糖……30g
水……小さじ2
粉ゼラチン……4g
マンゴーピューレ（加糖）……300ml
コンデンスミルク……小さじ2
生クリーム……100ml
飾り用生クリーム……100ml

マンゴーピューレ
缶詰やびん詰、冷凍などの市販品を利用。加糖と無糖があり、甘さはグラニュー糖の量で調整します。

下準備
＊粉ゼラチンは、パッケージに表示された分量の水に入れてふやかす。

作り方

1　耐熱容器に卵黄とグラニュー糖を入れ、泡立て器で白っぽくなるまで混ぜる。

2　水を1に加えて混ぜ、電子レンジで30秒加熱し、すぐに取り出して泡立て器で混ぜる。再び電子レンジで30秒加熱し、同様に混ぜる。

3　ふやかしたゼラチンを2に加えて溶かし、マンゴーピューレ、コンデンスミルクを加えて混ぜる。

4　ボウルに生クリームを入れ、氷水にあてながら泡立てて八分立てにし、3に加えて混ぜる。ジャーに等分に流し入れ、冷蔵庫で半日くらい冷やし固める。

5　食べるときに飾り用の生クリームを軽く泡立て、4に流す。

POINT

卵黄を使うため、レンジで加熱したらすぐに混ぜないと固まってしまうので注意。2回に分けて加熱すれば、火が均一に通ってなめらかになります。

Fruit kanten
フルーツ寒天

色とりどりの果物でカラフル&ヘルシーに。
切り分ければ、たちまち高級デザート風。

保存:冷蔵で **2〜3日**

材料（容量500mlのジャー1個分）

- ⓐ 水……200ml
  　白ワイン……100ml
  　レモン汁……1個分
- グラニュー糖……50g
- 粉寒天……2g
- 好みのフルーツ（いちご、パイナップル、キウイ、オレンジ、ブルーベリー、ラズベリーなど）……合わせて200g

POINT

粉寒天はグラニュー糖に混ぜて加えると溶けやすくなります。沸騰後も混ぜながらさらに煮てよく煮溶かせば、なめらかな寒天が完成。

★固めた寒天を取り出すため、口がすぼんでいないジャーを使用。

下準備
＊グラニュー糖と粉寒天を混ぜ合わせておく。

作り方

1　いちごはヘタを取って縦半分に、パイナップルは皮をむいてひと口大に、キウイは皮をむいて縦6〜8等分に切り、オレンジは房から果肉を取り出し、ブルーベリーやラズベリーも合わせてジャーに入れる。
★フルーツは縦向きに入れると切ったときの断面がきれいに。

2　鍋にⓐを入れて沸騰させ、混ぜ合わせたグラニュー糖と粉寒天を加えて再び沸騰させ、弱火にして1分くらい煮る。

3　2を火からおろし、粗熱がとれたら1に流し入れ、冷蔵庫で3時間以上冷やし固める。寒天を取り出すときは周囲にパレットナイフをぐるりと入れ、ジャーとの間に空気を入れるとよい。

Coffee jelly
コーヒーゼリー

保存:冷蔵で約 1 週間

甘さを控えた冷たいスイーツの定番。
簡単に、失敗なく作れるのがうれしい！

材料（容量150mlのジャー3個分）

水……400ml
インスタントコーヒー（粉）……8g
グラニュー糖……45g
アガー……8g

下準備
＊グラニュー糖とアガーを混ぜ合わせておく。

作り方

1. 鍋に水を入れて沸騰させ、インスタントコーヒーを加えて泡立て器でよく混ぜる。

2. 混ぜ合わせたグラニュー糖とアガーを1に加え、沸騰したら弱火にして1分くらい煮る。

3. 2を火からおろし、粗熱がとれたらジャーに等分に流し入れ、冷蔵庫で3時間以上冷やし固める。

お好みでミルクやホイップクリームなどをかけてどうぞ。

Honey yoghurt mousse & Fruit marinade
はちみつヨーグルトムース & フルーツマリネ

ラクラク作れておいしく、ヘルシーな組み合わせ。

作り方は **P26**

Variation
バリエーション
3種類のマリネを使ってカラフルな朝食を。

作り方は P26

Honey yoghurt mousse
はちみつヨーグルトムース

保存:冷蔵で翌日まで

あっさりめのチーズのような水きりヨーグルト、ゆるく泡立てた
生クリーム、そしてマイルドなはちみつをミックス。

材料（容量150mlのジャー3個分）
プレーンヨーグルト……水きりして100g
　（水きり前で約150g）
生クリーム……100ml
はちみつ（レンゲ、アカシアなど）……大さじ2
グラノーラ……30g

POINT

ヨーグルトの水きりは、ペーパータオルを敷いたざるに入れておくだけ。水分は多少残っていても大丈夫です。

作り方
1. ざるにペーパータオルを敷いてヨーグルトを入れ、冷蔵庫で30分ほどおいて水きりする。
2. ボウルに生クリームを入れ、底を氷水にあてながらとろっとする程度に泡立てる。
3. 1を別のボウルに移し、はちみつを加えて泡立て器で混ぜてなめらかにし、2を加えて混ぜる。
4. ジャーの底にグラノーラを10gずつ入れ、上に3をスプーンで等分に入れ、好みのフルーツマリネ（下記）をのせて冷蔵庫で冷やす。

Fruit marinade
フルーツマリネ

保存:冷蔵で2〜3日

季節のフルーツをカットしてはちみつであえただけの
シンプルなマリネは、ヨーグルトと相性抜群。

材料（容量80mlのジャー3個分）
いちご……3個
キウイ……½個
マンゴー……¼個
はちみつ……小さじ3

POINT

はちみつはクセのないレンゲやアカシアを使いましょう。フルーツに加えて混ぜ、全体になじませます。

はちみつがないときは、砂糖でマリネするのもおすすめ。好みでキルシュ（さくらんぼのブランデー）などを風味づけに加えても。

作り方
1. いちごはヘタを取って縦4等分に切り、キウイは皮をむいていちょう切り、マンゴーは小さめの角切りにする。
2. 1をそれぞれボウルなどに入れ、はちみつを小さじ1ずつ加えて混ぜ、冷蔵庫で冷やす。

Variation
ヨーグルト＋フルーツ

ヨーグルトパフェに

1. ジャーの底にグラノーラを入れ、ヨーグルトムースをスプーンで入れる。
2. 1にマンゴーのマリネ、ヨーグルトムース、キウイのマリネ、ヨーグルトムースの順に入れ、最後にいちごのマリネをのせてふたをし、冷蔵庫で冷やす。

人気のグラノーラを手作り

保存：常温で1か月
作りおきOK！

グラノーラを作って、ジャーで保存してみませんか？
500㎖程度の容量のジャーにちょうどいいレシピをご紹介します。

材料（容量500㎖のジャー1個分）

オートミール……100g
好みのナッツ（アーモンド、くるみ、カシューナッツ、ピスタチオなど）……60g
好みのドライフルーツ（クランベリー、レーズン、アプリコットなど）……50g
きび砂糖……30g
メープルシロップ……大さじ2
太白ごま油（またはサラダ油）……小さじ1

下準備
＊ナッツ類はアルミホイルで包み、オーブントースターで15分焼き（4ページ参照）、粗く刻む。

作り方

1  フライパンにオートミールを入れて香ばしくなるまで中火で煎る（強火にすると焦げやすいので注意）。バットなどに取り出す。

2  同じフライパンにきび砂糖、メープルシロップ、太白ごま油を入れて火にかける。砂糖が溶けて泡が立ってきたら、火を止め、1、ナッツを加えて混ぜる。

3  再び火にかけ、中火にして混ぜ続ける。はじめのねっとりした状態から、水分がとんでパラパラになるまで混ぜる。

4 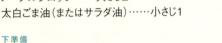 ドライフルーツを3に加えて混ぜ合わせる。

5  オーブンペーパーを敷いたバットに取り出し、広げて冷ます。
★完全に冷めたらジャーに入れて保存。常温で約1か月保存できます。夏場は、乾燥剤などを入れて湿気を防ぎましょう。

Chestnut mousse

マロンムース

保存：冷蔵で2〜3日

栗のうまみにチョコレートでアクセントをつけた満足スイーツ。
市販のマロンペーストを使うとラクに本格的な味に!

手持ちの口金でデコレーション

マロンクリームはシェルタン口金という特殊なものでしぼりましたが、星型や丸型でもOK。しぼり方も輪にしたり、ポツポツとしぼったり、お好みで。

シェルタン口金　星口金

材料（容量160mlのジャー4個分）

マロンムース
- マロンペースト……60g
- 牛乳……80ml
- 卵黄……1個分
- グラニュー糖……10g
- 粉ゼラチン……2g
- ラム酒……小さじ1
- 栗の渋皮煮……5個
- 生クリーム……100ml

マロンクリーム
- マロンペースト……80g
- 生クリーム……20ml
- ラム酒……小さじ1

チョコレートソース
- クーベルチュールチョコレート（ビター）……50g
- 生クリーム……50ml

マロンペースト
モンブラン作りなどに使われる栗のペースト。甘みやバニラ風味がついていて、相性のいいラム酒などを加えると風味がさらにアップ。

栗の渋皮煮
外側の鬼皮だけむいた栗を渋皮ごとじっくりと甘煮にしたもの。栗のうまみが凝縮され、洋菓子作りと和菓子作りの両方に利用できます。

下準備
＊粉ゼラチンは、パッケージに表示された分量の水に入れてふやかす。
＊チョコレートは製菓用のタブレット状のものがなければ、細かく刻む（板チョコでもOK）。

1　チョコレートソースの材料を耐熱容器に入れ、様子を見ながら電子レンジで加熱してチョコレートを溶かし、泡立て器でよく混ぜる。

2　マロンムースを作る。ボウルにマロンペーストを入れて牛乳を少しずつ加え、ゴムべらでダマにならないようによく混ぜる。

3　別のボウルに卵黄を溶きほぐし、グラニュー糖を加えて泡立て器で混ぜ、2を加えて混ぜる。電子レンジで1分加熱し、すぐに取り出して泡立て器で混ぜる。再び電子レンジで1分加熱し、固まらないようにすぐに混ぜる。

4　ふやかしたゼラチンを3に加えて溶かし混ぜ、万能こし器などでこし、ボウルの底を氷水にあてる。ラム酒、4等分に切った栗の渋皮煮を加え、とろっとするまで冷やす。

5　別のボウルに生クリームを入れ、氷水にあてながら泡立てて八分立てにし、4に加えて泡をつぶさないように混ぜる。

6　1をジャーの底に10gずつ入れ、5を等分に流し入れ、冷蔵庫で半日以上冷やし固める。

7　マロンクリームは、ボウルにマロンペーストを入れ、生クリームとラム酒を少しずつ加えて泡立て器で混ぜる。シェルタン口金をつけたしぼり袋に入れて6の上にしぼり、中央に残りのチョコレートソースを入れる。

Chocolate bavarian cream
チョコレートババロア

保存：冷蔵で2〜3日

ホワイトチョコも使って2層にすると、プロ級のできばえ！
なめらかな口当たりと品のいい甘さをじっくり味わってください。

材料（容量160mlのジャー5個分）

卵黄……2個分
グラニュー糖……15g
牛乳……85ml
粉ゼラチン……2g
クーベルチュールチョコレート（ミルク）……30g
クーベルチュールチョコレート（ホワイト）……30g
生クリーム……200ml
チョコレート（飾り用）……適量

下準備

＊粉ゼラチンは、パッケージに表示された分量の水に入れてふやかす。
＊チョコレートは製菓用のタブレット状のものがなければ、細かく刻む（板チョコでもOK）。

作り方

1 耐熱容器に卵黄とグラニュー糖を入れて泡立て器ですり混ぜ、牛乳を加えて混ぜる。

2 **1**を電子レンジで1分加熱し、取り出してすぐに泡立て器で混ぜる。再び電子レンジで30秒加熱し、固まらないようにすぐに混ぜ、ふやかしたゼラチンを加えて溶かす。

3 ミルクチョコレート、ホワイトチョコレートを別々のボウルに入れ、**2**を半量ずつ加えて混ぜ、チョコレートを溶かす。万能こし器などでこし、ボウルの底を氷水にあてて冷やし、とろみをつける。

4 別のボウルに生クリームを入れ、底を氷水にあてながら、とろっとする程度に泡立てる。半量ずつ**3**に加え、それぞれ泡立て器で混ぜる。

5 ミルクチョコレートの生地をスプーンでジャーに等分に流し入れ（ホワイトチョコレートの生地が先でもよい）、すぐに冷凍室に入れ、表面が固まる程度に冷やす。

6 固まったら、ホワイトチョコレートの生地をスプーンで等分に流し入れ、冷蔵庫で3時間以上冷やし固める。食べるときに、飾り用のチョコレートをスプーンで削って上にのせる。

クーベルチュールチョコレート
カカオ分を35％以上、カカオバターを31％以上含むなどの国際規格をクリアした製菓用のチョコレート。カカオ本来の味を楽しむことができ、おいしいチョコレートスイーツ作りに欠かせません。

Variation
ミルク＋ホワイト

マーブル状の ババロアに

1 ミルクチョコレートとホワイトチョコレートの生地（左記）を軽く混ぜ合わせてマーブル状にする。

2 1をジャーに等分に流し入れ、左記の作り方6と同様にする。

31

Peach mousse
桃のムース

保存：冷蔵で2〜3日

桃の缶詰で手軽に作れる桃色スイーツ。
仕上げのゼリーはロゼワインでピンクに。

材料（容量200mlのジャー4個分）

桃（缶詰）……100g
白ワイン……20ml
グラニュー糖……30g
レモン汁……大さじ1
粉ゼラチン……2g
生クリーム……100ml

ロゼワインゼリー
ロゼワイン……125ml
水……125ml
レモン汁……小さじ1
グラニュー糖……20g
アガー……4g

桃（飾り用、缶詰）……適量

下準備
＊粉ゼラチンは、パッケージに表示された分量の水に入れてふやかす。
＊ロゼワインゼリー用のグラニュー糖とアガーは混ぜ合わせておく。

作り方

1. 桃はミキサーかブレンダーにかけてピューレ状にする。

2. 耐熱容器に1、白ワイン、グラニュー糖、レモン汁を入れ、電子レンジで40秒を目安に加熱して40〜50℃に温め、ふやかしたゼラチンを加えて溶かし混ぜる。

3. 別のボウルに生クリームを入れてとろっとするくらいに泡立て、2に加えて泡立て器で混ぜる。スプーンでジャーに等分に入れ、冷蔵庫で3時間以上冷やし固める。

4. ロゼワインゼリーは、鍋にロゼワイン、水、レモン汁を入れて沸騰させる。合わせておいたグラニュー糖とアガーを加えて再度沸騰させ、弱火にして1分くらい加熱する。

5. 4を火からおろし、粗熱がとれたらバットなどに流し入れ、冷蔵庫で3時間以上冷やし固める。

6. 飾り用の桃は1cm角くらいに切って3にのせ、5をスプーンで砕いて上にのせる。

ジャースイーツを
楽しく！

ジャーで
デザートドリンク

ジャーで飲むドリンクも人気。
デコレーションもでき、
スイーツのような感覚です！

チョコバナナシェイク
バナナを貼りつけるだけでポップな雰囲気。

材料（容量500mlのジャー1杯分）

バナナ……1本
牛乳……130ml
氷……適量
クーベルチュール
チョコレート（ビター）
……30g

下準備
*チョコレートは製菓用のタブレット状のものがなければ、細かく刻む（板チョコでもOK）。

作り方

1. バナナは皮をむき、1～2mm幅の薄い輪切りを6～7枚取り、フォークなどでジャーの内側側面に1枚ずつ貼りつける。

2. 耐熱容器にチョコレートと牛乳30mlを入れ、電子レンジで加熱してチョコレートを溶かす。

3. ミキサーに2、牛乳100ml、残りのバナナを入れ、なめらかになるまでかくはんする。1のジャーに氷を入れ、静かに注ぐ。

いちごミルクシェイク
いちごソースとシェイクを混ぜながら飲んで。

材料（容量500mlのジャー1杯分）

いちご……50g
　（約4個）
グラニュー糖……15g
レモン汁……小さじ1
牛乳……100ml
バニラアイスクリーム
　……120g
氷……適量

作り方

1. いちごは洗ってヘタを取り、グラニュー糖、レモン汁とともにミキサーかブレンダーでかくはんし、ソース状にする（フォークでつぶしてもよい）。

2. ボウルに牛乳とアイスクリームを入れ、スプーンで軽く混ぜる。

3. ジャーの底に1を入れ、氷を加え、2を静かに注ぐ。

Pudding
プリン

とろけるような食感がみんなに喜ばれるプリン。
湯せん焼きでていねいに作るなめらかタイプと、
ゼラチンで固めるらくちんタイプ、
どちらもジャーでお楽しみください。

Custard pudding
昔ながらのプリン

保存:冷蔵で2週間
作りおきOK!

卵の風味とキャラメルソースが絶妙な定番のカスタードプリン。
ちょっと懐かしいプリンアラモード風にクリームとフルーツで飾って。

材料（容量220mlのジャー6個分）【湯せん調理】

プリン液
- 牛乳……450ml
- 卵……2個
- 卵黄…2個分
- きび砂糖……90g
- バニラエッセンス……数滴

キャラメルソース
- グラニュー糖……50g
- 水……大さじ1

デコレーション
- 生クリーム……100ml
- グラニュー糖……5g
- 好みのフルーツ……適量

1

キャラメルソースを作る。鍋にグラニュー糖を入れて中火にかけ、鍋をゆすりながら茶色になるまで溶かし、泡と煙が出てきたら火を止める。水を静かに加え（飛び散るので、やけどに注意）、全体を混ぜる。熱いうちにジャーに等分に流して固める。

2

プリン液を作る。耐熱容器に牛乳を入れ、電子レンジで3分を目安に加熱して50～60℃に温める。ボウルに卵、卵黄を溶きほぐし、きび砂糖を加えて泡立て器ですり混ぜ、温めた牛乳を混ぜ、バニラエッセンスも加えて混ぜる。

3

2を万能こし器などでこし、ペーパータオルをかぶせて生地表面の気泡を取り除く。

4

1のジャーに3を等分に流し入れ、しっかりとふたをする。

5

鍋にふきんを敷いて4を入れ、ジャーがひたひたに浸かるまでぬるま湯を注ぎ、火にかける。沸騰したら弱火にして30分加熱する（鍋のふたはせず、湯がぶくぶくと沸かないように注意する）。

6

火を止め、湯が冷めるまでそのままおいて鍋から取り出す。ジャーを横にして、プリン液が流れてこなければOK。

7

ふきんの上で粗熱をとり、冷蔵庫で3時間以上冷やす。
★湯せん調理後、ふたをしたまま未開封の状態であれば、冷蔵で2週間保存できます。長期保存するなら、ジャーのふたが簡単に開かない真空密閉状態になっていることを必ず確認してください。

8 ボウルに生クリームとグラニュー糖を入れ、氷水にあてながらとろっとする程度に泡立てる。スプーンでプリンの上にのせ、好みのフルーツを飾る。

POINT

ジャーが浸かるくらいの湯量の湯せん調理でゆっくり火を入れると、生地がなめらかになります。しかも、ジャーが真空状態になって長めの保存が可能に!

保存：冷蔵で2週間
作りおきOK！

Smooth pudding
なめらかプリン

味も舌ざわりも贅沢な生クリーム入り。
口どけのよさに、きっと驚くはず！

材料（容量165mlのジャー6個分）〔湯せん調理〕

プリン液
- ⓐ牛乳……300ml
- 　生クリーム……150ml
- バニラビーンズ……1/4本
- 卵……1個
- 卵黄……3個分
- きび砂糖……70g

キャラメルソース
- グラニュー糖……50g
- 水……大さじ1

★バニラビーンズがなければバニラエッセンスで代用。
　その場合は、作り方3で加える。

下準備
* 35ページの1の要領でキャラメルソースを作り、ジャーに等分に流して固める。
* バニラビーンズは縦に切り目を入れて開き、中の種をしごき出す（写真）。

作り方

1. 鍋にⓐ、バニラビーンズの種とさやを入れて中火にかける。鍋のまわりがフツフツとしてきたら、火を止めてふたをし、5分ほど蒸らす。
★バニラビーンズは、種といっしょにさやも加えると、香りがより濃厚に。

2. ボウルに卵と卵黄を溶きほぐし、きび砂糖を加えて泡立て器ですり混ぜ、1を加えて混ぜる。万能こし器などでこし、ペーパータオルをかぶせて生地表面の気泡を取り除き、キャラメルソースを入れたジャーに等分に流し入れてしっかりとふたをする。

3. 昔ながらのプリン（35ページ）の5〜7の要領で、ふきんを敷いた鍋に2を入れ、ジャーがひたひたに浸かるまでぬるま湯を注ぎ、火にかける。沸騰したら弱火にして30分加熱する。火を止め、湯が冷めるまでそのままおき、取り出してふきんの上で粗熱をとり、冷蔵庫で3時間以上冷やす。

保存：冷蔵で2週間
作りおきOK！

Chocolate pudding
チョコレートプリン

ビターチョコレートのコクと
とろとろの口当たりがたまりません！

材料（容量165mlのジャー6個分）〔湯せん調理〕

- ⓐ牛乳……200ml
- 　生クリーム……200ml
- ココアパウダー（無糖）……10g
- クーベルチュールチョコレート
　（ビター）……35g
- 卵……1個
- 卵黄……3個分
- きび砂糖……60g
- ラム酒……好みで小さじ1

下準備
* チョコレートは製菓用のタブレット状のものがなければ、細かく刻む（板チョコでもOK）。

作り方

1. 耐熱容器にⓐを入れて電子レンジで2分30秒を目安に加熱して50〜60℃に温める。ココアとチョコレートを加え、泡立て器で混ぜて溶かす。

2. ボウルに卵と卵黄を溶きほぐし、きび砂糖を加えて泡立て器ですり混ぜ、1を加えて混ぜ、好みでラム酒を加える。万能こし器などでこし、ペーパータオルをかぶせて生地表面の気泡を取り除き、ジャーに等分に流し入れてしっかりとふたをする。

3. 昔ながらのプリン（35ページ）の5〜7の要領で、ふきんを敷いた鍋に2を入れ、ジャーがひたひたに浸かるまでぬるま湯を注ぎ、火にかける。沸騰したら弱火にして30分加熱する。火を止め、湯が冷めるまでそのままおき、取り出してふきんの上で粗熱をとり、冷蔵庫で3時間以上冷やす。

POINT

ビターチョコとココアを使って、ちょっとほろ苦く濃厚な味わいに。温めた牛乳と生クリームに加えたら、よく混ぜて溶かします。

Pumpkin pudding
かぼちゃのプリン

保存:冷蔵で2週間
作りおきOK!

かぼちゃの素朴な甘さがギュッと詰まったナチュラルスイーツ。
ほろ苦いキャラメルソースとの相性も抜群です。

材料（容量130㎖のジャー6個分）{湯せん調理}

プリン液
- かぼちゃ……正味150g
- 牛乳……150㎖
- 生クリーム……50㎖
- 卵……1個
- 卵黄……1個分
- きび砂糖……50g
- バニラエッセンス……数滴

キャラメルソース
- グラニュー糖……60g
- 水……大さじ2

1
プリン液を作る。かぼちゃは大きめのひと口大に切ってアルミホイルで包み、オーブントースターでやわらかくなるまで焼く。皮を除き、ボウルに入れてブレンダーなどでよくつぶし、さらに裏ごしして150g用意する。

2
別のボウルに卵と卵黄を溶きほぐし、きび砂糖を加えて泡立て器ですり混ぜ、2回に分けて**1**に加え、そのつどよく混ぜる。

3
耐熱容器に牛乳と生クリームを入れ、電子レンジで1分を目安に加熱して50〜60℃に温める。**2**に加えて混ぜ、バニラエッセンスを加える。

4
3を万能こし器などでこし、ペーパータオルをかぶせて生地表面の気泡を取り除き、ジャーに等分に流し入れてしっかりとふたをする。

5
鍋にふきんを敷いて**4**を入れ、ジャーがひたひたに浸かるまでぬるま湯を注ぎ、火にかける。沸騰したら弱火にして30分加熱する（鍋のふたはせず、湯がぶくぶくと沸かないように注意する）。

6 火を止め、昔ながらのプリン（35ページ）の**6**〜**7**の要領で、湯が冷めるまでそのままおき、取り出してふきんの上で粗熱をとり、冷蔵庫で3時間以上冷やす。

7 35ページの**1**の要領でキャラメルソースを作り、冷まして**6**にかける。

POINT
かぼちゃはトースターで焼いてやわらかくするのがおすすめ。水分がほどよくとんでホクホクになり、甘みが濃縮されます。

Hojicha pudding
ほうじ茶プリン

独特の香ばしさと、ほうじ茶らしい
さらっとした風味を楽しめます。

保存:冷蔵で2週間
作りおきOK!

材料（容量160mlのジャー6個分）{湯せん調理}

プリン液
ほうじ茶（茶葉）……大さじ2
水……80ml
ⓐ 牛乳……300ml
　 生クリーム……100ml
卵……1個
卵黄……3個分
きび砂糖……70g

キャラメルソース
グラニュー糖……50g
水……大さじ1

POINT

ほうじ茶は沸騰させて蒸らし、茶葉を開かせるのがポイント。牛乳と生クリームを加えて加熱するときにエキスが出やすくなります。

下準備
＊35ページの1の要領でキャラメルソースを作り、ジャーに等分に流す。

作り方

1 鍋に水を入れて沸騰させ、ほうじ茶を入れる。再び沸騰させ、火を止めてふたをし、5分ほど蒸らす。ⓐを加えて再び火にかけ、鍋のまわりがフツフツとしてきたら火を止める。

2 ボウルに卵と卵黄を溶きほぐし、きび砂糖を加えて泡立て器ですり混ぜ、1を加えて混ぜる。万能こし器などでこし、ペーパータオルをかぶせて生地表面の気泡を取り、キャラメルソースを入れたジャーに等分に入れてしっかりとふたをする。

3 昔ながらのプリン（35ページ）の5〜7の要領で、ふきんを敷いた鍋に2を入れ、ジャーがひたひたに浸かるまでぬるま湯を注ぎ、火にかける。沸騰したら弱火にして30分加熱する。火を止め、湯が冷めるまでそのままおき、取り出してふきんの上で粗熱をとり、冷蔵庫で3時間以上冷やす。

Brown sugar bread pudding
黒糖パンプリン

保存:冷蔵で2週間
作りおきOK!

パンとともにくるみ、レーズンを加えて
軽食にもいいボリューム感に!

材料(容量250mlのジャー3個分) {湯せん調理}

プリン液
　牛乳……250ml
　卵……1個
　卵黄……1個分
　黒糖(粉)……40g

パン(食パン、フランスパン、
　レーズンパンなど)
　……50g
くるみ(ロースト)……15g
レーズン……30g

下準備
*レーズンは湯に浸して戻し、水気をきる。

作り方

1. 耐熱容器に牛乳を入れ、電子レンジで1分30秒を目安に加熱して50〜60℃に温める。ボウルに卵、卵黄を溶きほぐし、黒糖を加えて泡立て器ですり混ぜ、温めた牛乳を加えて混ぜる。万能こし器などでこし、ペーパータオルをかぶせて生地表面の気泡を取り除く。

2. ジャーにひと口大に切ったパン、砕いたくるみ、戻したレーズンを等分に入れ、1を等分に注いで30分くらいおく。しっかりとふたをする。

3. 昔ながらのプリン(35ページ)の**5〜7**の要領で、ふきんを敷いた鍋に**2**を入れ、ジャーがひたひたに浸かるまでぬるま湯を注ぎ、火にかける。沸騰したら弱火にして30分加熱する。火を止め、湯が冷めるまでそのままおき、取り出してふきんの上で粗熱をとり、冷蔵庫で3時間以上冷やす。

POINT

ジャーにパンを入れてプリン液を注いだら、30分ほどおいたほうが、パンにプリン液がよくしみこみ、しっとりと仕上がります。

41

Mango pudding
マンゴープリン

保存:冷蔵で2~3日

トロピカルな甘さと香りを堪能できる濃厚スイーツ。
ココナッツミルクソースがさらにおいしさを引き立てます。

材料（容量200mlのジャー6個分）

プリン液
- ⓐ 牛乳……200ml
  - ココナッツミルク……50ml
  - グラニュー糖……30g
  - コンデンスミルク……小さじ2
- 粉ゼラチン……6g
- マンゴーピューレ（加糖）……300ml
- 生クリーム……50ml

ココナッツミルクソース
- 牛乳……50ml
- ココナッツミルク……50ml
- コンデンスミルク……小さじ2

デコレーション
- マンゴー……1個

下準備
＊粉ゼラチンは、パッケージに表示された分量の水に入れてふやかす。

マンゴーの切り方

①マンゴーをまな板にのせ、種の厚みを避けて包丁を寝かせて入れ、3枚に切り分ける。

②果肉に格子状の切り目を入れ、下から押し上げる。

③皮から果肉を切り取る。

POINT マンゴーは真ん中にかたくて平たい種があるので、それを避けるように切るのがコツ。

1

プリン液を作る。耐熱容器にⓐを入れ、電子レンジで1分30秒を目安に加熱して50〜60℃に温める。

2

ふやかしたゼラチンを1に加え、よく混ぜて溶かす。

3

マンゴーピューレ、生クリームを2に加えて混ぜ合わせる。

4

3をジャーに等分に流し入れ、ふたをして冷蔵庫で3時間以上冷やし固める。

5 左記の要領でマンゴーを角切りにし、4にのせる。ココナッツミルクソースの材料を混ぜ合わせてかける。

Annin pudding
杏仁プリン

杏仁豆腐よりコクがあって、クリーミー。
フルーツのトッピングでカラフルに。

保存：冷蔵で2〜3日

材料（容量150mlのジャー4個分）

プリン液
　杏仁パウダー……25g
　牛乳……250ml
　グラニュー糖……15g
　コンデンスミルク……大さじ1
　生クリーム……50ml
　粉ゼラチン……3g
　バニラエッセンス……数滴

シロップ
　熱湯……50ml
　はちみつ……大さじ1
　レモン汁……小さじ1

デコレーション
　好みのフルーツ……適量

下準備
＊粉ゼラチンは、パッケージに表示された分量の水に入れてふやかす。

作り方

1　鍋に杏仁パウダーを入れ、牛乳を少しずつ注いで泡立て器で混ぜる。溶けたら、グラニュー糖、コンデンスミルクを加えて混ぜる。

2　**1**を火にかけて沸騰直前まで温め、火からおろして、ふやかしたゼラチンを加えて溶かす。生クリーム、バニラエッセンスも加えて混ぜる。

3　**2**をジャーに等分に流し入れ、ふたをして冷蔵庫で3時間以上冷やし固める。

4　シロップの材料を混ぜ合わせ、冷ます。好みのフルーツを小さめのひと口大に切って**3**に彩りよくのせ、シロップをかける。

杏仁パウダー
杏仁とはあんずの種子の内側の白い部分で、それを粉末にしたもの。「杏仁霜」（きょうにんそう）ともいわれ、杏仁豆腐の特有の香りはこのパウダーによるものです。

=== Matcha soy milk pudding ===

抹茶豆乳プリン

豆乳で和風テイストとヘルシー感をプラス。
黒糖で作るソースも風味たっぷり。

保存:冷蔵で4~5日

材料（容量165mlのジャー6個分）

プリン液
- 豆乳（無調整）……300ml
- きび砂糖……25g
- 抹茶……10g
- 粉ゼラチン……5g
- 生クリーム……200ml

黒みつソース
- 熱湯……50ml
- 黒糖（粉）……50g
- 和三盆……25g

★黒みつソースは、和三盆がなければ黒糖を75gにしてOK。

POINT

抹茶はダマになりやすいので、あらかじめ、きび砂糖と合わせておきましょう。単独で使うより、豆乳などの液体に溶けやすくなります。

下準備
＊粉ゼラチンは、パッケージに表示された分量の水に入れてふやかす。

作り方

1. 耐熱容器に豆乳を入れ、電子レンジで2分を目安に加熱して50～60℃に温め、ふやかしたゼラチンを加えて溶かし混ぜる。

2. きび砂糖と抹茶を合わせ、ふるいながらボウルに入れ、1を少しずつ加えて泡立て器で混ぜる。溶けたら、生クリームを加えて混ぜる。

3. 2をジャーに等分に流し入れ、ふたをして冷蔵庫で3時間以上冷やし固める。

4. 黒みつソースの材料をよく混ぜて冷やしておき、食べる直前に3にかける。

Ice cream · Sherbet
アイスクリーム・シャーベット

1人分にちょうどいいサイズの小さいジャーで作るレシピです。
アイスクリーム用のスプーンなどをさして固めると
見た目もキュート。

Vanilla ice cream
バニラアイスクリーム

保存：冷凍で2〜3週間
作りおきOK！

卵と生クリームのふんわり感が残って、やさしい味。
まずはそのまま味わい、途中でチョコがけにしてもOK。

材料（容量80mlのジャー5個分）

卵黄……2個分　　　生クリーム……150ml
グラニュー糖……30g　バニラエッセンス……数滴
水……大さじ1

★固めたアイスクリームを取り出すため、口がすぼんでいないジャーを使用。

1
耐熱容器に卵黄を溶きほぐし、グラニュー糖を加えて泡立て器で白っぽくなるまで混ぜ、水を加えて混ぜる。

4
別のボウルに生クリームを入れ、底を氷水にあてて冷やしながら泡立て、八分立てにする。

2
1を電子レンジで30秒加熱し、すぐに取り出して混ぜる。

5
4を3に加え、泡をつぶさないようにふんわりと混ぜ合わせ、ジャーに等分に流し入れる。

3
2を再び電子レンジで30秒加熱してすぐに取り出し、冷めるまで混ぜ続けて白っぽくふんわりとさせ、バニラエッセンスを加えて混ぜる。

6
スプーンを5の真ん中にまっすぐにさし、冷凍室で半日以上冷やし固める。完全に固まったら、冷凍室から出してしばらくおき、まわりが溶けてきたらスプーンをひねって取り出す。保存する場合は、ラップなどをして冷凍室へ。

POINT

アイスクリームのバーは、木製のアイス棒、プラスチック製やアルミ製のスプーンなど、軽くて倒れにくいものを使います。

★好みで、チョコレート適量を湯せんで溶かしてローストしたアーモンドダイス少々を混ぜ、アイスクリームにからめるのもおすすめです。

保存:冷凍で2〜3週間 作りおきOK!

Berry & berry yoghurt sherbet
ベリー・ベリーヨーグルトシャーベット

混ぜて固めるだけだから簡単! ジャーにジャムを
ぬっておくのが、見栄えよく仕上げるコツ。

材料（容量130mlのジャー各3個分）

ストロベリー
　プレーンヨーグルト……200g
　コンデンスミルク……大さじ2
　いちごジャム……30g

ブルーベリー
　プレーンヨーグルト……200g
　コンデンスミルク……大さじ2
　ブルーベリージャム……30g

作り方（ストロベリー、ブルーベリー共通）

1
ジャーの内側にスプーンでジャムを少量ずつぬる。

2
ボウルにヨーグルトを入れ、コンデンスミルクを加えてよく混ぜる。ジャムの残りを加えてマーブル状になるように軽く混ぜ、ジャーに等分に流し入れる。

3
木製のアイス棒を2の真ん中にまっすぐにさし、冷凍室で半日以上冷やし固める。取り出し方と保存法は下記参照。

保存:冷凍で2〜3週間 作りおきOK!

Mango yoghurt sherbet
マンゴーヨーグルトシャーベット

ヨーグルトの酸味とマンゴーの甘みが
溶け合って、すっきりした味わい。

材料（容量130mlのジャー3個分）

プレーンヨーグルト……120g
マンゴーピューレ（加糖）
　……100ml
レモン汁……小さじ2

作り方

1 材料をすべてボウルに入れて混ぜ合わせ、ジャーに等分に流し入れる。

2 木製のアイス棒を1の真ん中にまっすぐにさし、冷凍室で半日以上冷やし固める。完全に固まったら、冷凍室から出してしばらくおき、まわりが溶けてきたらスプーンをひねって取り出す。保存する場合は、ラップなどをして冷凍室へ。

Jar sweets recipe
Layer cake

Shortcake,
Chocolate cake, Trifle,
Mille-feuille

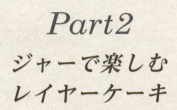

Part2
ジャーで楽しむ
レイヤーケーキ

クリームやフルーツなどをきれいな層にしたレイヤーケーキは、
側面がよく見えるジャーにぴったりのスイーツ。
ショートケーキもいつも以上においしそうに仕上がります!

Strawberry layer cake
いちごのレイヤーケーキ

いちごのスイーツのかわいらしさとレイヤーケーキの魅力を
見て食べて楽しめる5つのレシピを用意しました。
いろいろな形のジャーに盛って、プレゼントや自分へのご褒美に。

Shortcake
いちごショートケーキ
いつもと違うルックスが新鮮!

作り方は **P54**

Mille-feuille
いちごのミルフィーユ
パイとカスタードの王道スイーツ。

作り方は **P54**

Fraisier
フレジエ
かわいらしく見える盛り方を紹介。

作り方は **P55**

Chocolate cake
いちごのショコラケーキ
ホワイトチョコクリームをサンド。

`作り方は P55`

Trifle
いちごのトライフル
好きなものをいろいろ重ねて。

`作り方は P55`

いちごのミルフィーユ

何層も重なったパイとカスタードクリームが贅沢なミルフィーユ。
本格的に作るのはたいへんですが、ジャーなら手軽!

材料(容量300mlのジャー2個分)

冷凍パイシート……適量
カスタードクリーム(67ページ)……全量
いちご……8個
粉砂糖……適量

作り方

1. 冷凍パイシートはフォークで全体に穴をたくさんあけ、ジャーに入る大きさに丸く切り抜く(クッキー型で抜いたり、コップなどをあててナイフで切るとよい)。これを6枚用意する。

2. 天板にオーブンペーパーを敷いて1を並べ、200℃に予熱したオーブンで20〜30分、しっかりと茶色になるまで焼く。粗熱がとれたら、手のひらで押さえて軽くつぶす。

3. ジャーの底に2を1枚入れてカスタードクリームを適量のせ、縦半分に切ったいちごを4切れ入れる。これをもう一度繰り返して最後に2をのせ、粉砂糖をふる。

いちごショートケーキ

何度食べても食べ飽きないケーキ界のプリンセス。
ジャーに盛ってレイヤーにすると、おなじみの味が格別の味に!

材料(容量250mlのジャー4個分)

プレーンスポンジケーキ(64ページ)……適量
いちご……16個
クレームシャンティ(66ページ)……全量

作り方

1. スポンジケーキは65ページの要領で1cm厚さに切り、ジャーに入る大きさに丸く切り抜く。これを12枚用意する。

2. いちごは飾り用に4個取り分け、残りはヘタを取って縦半分に切る。

3. ジャーの底に1を1枚入れ、クレームシャンティ適量をスプーンで入れる。いちごを3切れのせ、再びクレームシャンティ適量を入れる。これをもう一度繰り返す。

4. 1をもう1枚のせ、クレームシャンティ適量をしぼり袋に入れてしぼるか、スプーンでのせ、飾り用のいちごをのせる。

POINT

スポンジケーキ、クリーム、いちごを繰り返しジャーに重ねれば盛りつけ完了! ちょっとランダムに盛ってもかわいらしくなります。

＊スポンジケーキは、市販品やカステラなどで代用できます。
＊54〜63ページで紹介しているレイヤーケーキは作った日に食べてください。

フレジエ

フレジエはフランス版のいちごショートケーキ。
いちごの切り口をきれいに見せ、真っ赤なジャムをのせれば完ぺき。

材料（容量220mlのジャー4個分）

プレーンスポンジケーキ（64ページ）……適量
いちご……16個
生クリーム……100ml
カスタードクリーム（67ページ）……全量
いちごジャム（またはラズベリージャム）……適量

作り方

1 スポンジケーキは65ページの要領で1cm厚さに切り、ジャーに入る大きさに丸く切り抜く。これを8枚用意する。

2 いちごはヘタを取って縦半分に切る。生クリームはとろりとする程度に泡立て、カスタードクリームと混ぜ合わせる。

3 ジャーの底に1を1枚入れ、いちごを側面にぐるりと貼りつけ、残ったいちごは等分して真ん中に入れる。

4 2のクリームをいちごの高さの少し上まで入れ、上に1をのせ、仕上げにジャムを入れて平らにならす。

いちごのショコラケーキ

ココア風味のスポンジとホワイトチョコのクリームを重ねた
チョコレート好きのためのいちごショートケーキ。

材料（容量160mlのジャー4個分）

ココアスポンジケーキ（64ページ）……適量
いちご……16個
ホワイトチョコクリーム（66ページ）……半量

作り方

1 いちごショートケーキ（54ページ）の1～3の要領で、スポンジケーキといちごを切り、クレームシャンティをホワイトチョコクリームに替えて同様にジャーに重ねる。

2 スポンジケーキをもう1枚のせ、飾り用のいちごを縦半分に切ってのせる。

いちごのトライフル

トライフルはスポンジやクリーム、フルーツを重ねたイギリスのお菓子。
大きめのジャーでラフに盛りつけるのがおしゃれ。

材料（容量500mlのジャー2個分）

プレーンスポンジケーキ（64ページ）……適量
いちご……10個
クレームシャンティ（66ページ）……全量
いちごジャム（またはラズベリージャム）……適量

作り方

1 スポンジケーキは65ページの要領で2cm角に切る。いちごはヘタを取って縦半分、または4等分に切る。

2 ジャーにいちごジャム、クレームシャンティ各適量、スポンジケーキ5～6個、いちご2～3切れの順に入れ、これをもう一度繰り返す。

3 残りのクレームシャンティを入れ、いちごを飾る。

Banana shortcake
バナナショートケーキ
**ほろ苦いココアスポンジに合う
ふわふわのクリームとバナナを重ねます。**

材料（容量250mlのジャー4個分）

ココアスポンジケーキ（64ページ）……適量
バナナ……1本
クレームシャンティ（66ページ）……全量

作り方

1. スポンジケーキは65ページの要領で1cm厚さに切り、ジャーに入る大きさに丸く切り抜く（クッキー型で抜いたり、コップなどをあててナイフで切るとよい）。これを12枚用意する。バナナは皮をむいて1cm厚さの輪切りにする。

2. ジャーの底にスポンジケーキを1枚入れ、バナナを側面にぐるりと貼りつけ、バナナの高さまでクレームシャンティを入れる。

3. 2にスポンジケーキを1枚のせてクレームシャンティ、バナナ各適量を入れ、スポンジケーキをもう1枚のせる。クレームシャンティの残りをしぼり袋に入れてしぼるか、スプーンでのせる。

Chocolate banana cake
チョコバナナケーキ
**チョコレートクリームに替えて
バナナショートケーキを大人っぽく。**

材料（容量250mlのジャー4個分）

ココアスポンジケーキ（64ページ）……適量
バナナ……1本
チョコレートクリーム（66ページ）……全量

作り方

1. バナナショートケーキ（左記）の1～3の要領で、クレームシャンティをチョコレートクリームに替え、同様にジャーに盛りつける。仕上げに、薄い輪切りにしたバナナをのせる。

クリームの違いで表情が変わる
2つのバナナケーキ。
どちらの味もおすすめです。

Coffee cake
コーヒーケーキ

コーヒー風味のスポンジとクリームに、
ほろ苦いくるみを加えました。

材料（容量200mlのジャー4個分）

コーヒースポンジケーキ（64ページ）……適量
コーヒークリーム（66ページ）……全量
くるみのキャラメリゼ
　くるみ（ロースト）……20g
　グラニュー糖……80g

作り方

1. くるみのキャラメリゼは、鍋にグラニュー糖を入れて中火にかけ、鍋をゆすりながら茶色になるまで溶かす。くるみを加えてキャラメルをからめ、オーブンペーパーの上に広げて冷ます。

2. スポンジケーキは65ページの要領で1cm厚さに切り、ジャーに入る大きさに丸く切り抜く（クッキー型で抜いたり、コップなどをあててナイフで切るとよい）。これを12枚用意する。

3. ジャーの底に**2**を1枚入れ、コーヒークリーム適量をスプーンで入れる。**1**を飾り用に少し取り分けてから粗く砕き、適量をクリームの上に散らす。

4. **3**をもう一度繰り返し、残りの**2**を重ねてクリームをきれいに盛り、飾り用の**1**をのせる。

POINT

くるみのキャラメリゼは、茶色に溶かしたグラニュー糖にくるみをからめたもの。冷えると固まるので素早くオーブンペーパーに広げます。

Matcha cake
抹茶ケーキ

ほんのり感じる苦みが爽快な和風ケーキ。
あずきが見た目と食感のアクセント。

材料（容量200mlのジャー4個分）

抹茶スポンジケーキ（64ページ）……適量
抹茶クリーム（66ページ）……全量
ゆであずき、抹茶……各適量

作り方

1. コーヒーケーキ（左記）の**2**の要領で、スポンジケーキを12枚切り抜く。

2. ジャーの底に**1**を1枚入れ、抹茶クリーム適量をスプーンで入れ、ゆであずき適量を散らす。

3. **2**をもう一度繰り返し、残りの**1**を重ねてクリームをきれいに盛り、茶こしで抹茶を軽くふる。

POINT

鮮やかなグリーンのスポンジ生地、抹茶クリーム、ゆであずきを3層に重ねればでき上がり。コーヒーケーキも同じ手順です。

抹茶ケーキにはあずきを、
コーヒーケーキには
くるみのキャラメリゼをサンド。

Apple crumble

アップルクランブル

甘いりんごとサクサクのクランブル、
そしてバニラアイスの幸せ盛り！

材料（容量500mlのジャー1個分）

りんごのキャラメリゼ
　りんご（紅玉など）……1個
　グラニュー糖……30g
　バター（食塩不使用）……15g
クランブル（67ページ）……全量
バニラアイスクリーム……適量

作り方

1　りんごのキャラメリゼを作る。りんごは皮をむいて芯を取り、12等分のくし形に切る。

2　フライパンにグラニュー糖を入れて中火で溶かす。キャラメル色になったらバターを加えて溶かし、りんごを加えて全体にキャラメルをからめ、中火で煮る。りんごから水分が出てくるので、混ぜながら煮る。

3　りんごの水分が少なくなったら、火からおろして冷ます。

4　ジャーに3の半量を入れ、その上にクランブルの半量を入れる。これをもう一度繰り返し、バニラアイスクリームをのせる。

POINT

りんごのキャラメリゼは酸味の強い紅玉を使うとおいしさがアップ。バターを加えると風味が増し、コクも出ます。

いろいろな味と食感が楽しめて、混ぜて食べるとおいしい！バニラアイスは47ページのレシピで手作りしても。

―― Lemon tart ――
レモンタルト

**香ばしいクランブルがタルト生地代わり。
レモンクリームをのせて気軽にあの味を!**

材料（容量220mlのジャー4個分）

レモンクリーム
 卵……1個
 グラニュー糖……40g
 レモン……1個
 バター（食塩不使用）
  ……40g

生クリーム……100ml
クランブル（67ページ）
 ……全量

下準備
*レモンはよく洗って黄色い表皮をすりおろし、果汁を大さじ1杯分しぼる。

作り方

1. レモンクリームは、耐熱容器に卵とグラニュー糖を入れて泡立て器でよくすり混ぜ、レモンの皮、果汁を加えて混ぜる。

2. 1を電子レンジで1分加熱し、取り出してすぐに泡立て器でよく混ぜる。再び電子レンジで30秒加熱し、同様に混ぜる。粗熱がとれたら、バターを1cm角に切って少しずつ加え、混ぜ合わせる。

3. 生クリームはとろりとする程度に泡立てる。

4. クランブルを飾り用に少し取り分けてからジャーの底に等分に入れ、上に**2**、**3**を等分して順に入れ、飾り用のクランブルをのせる。

POINT
レモンクリームは電子レンジで作ると簡単。2回に分けて加熱し、そのつどよく混ぜて均一に火を通すと、なめらかになります。

―― Opera cake ――
オペラ

コーヒークリームやガナッシュを何層にも
重ねるオペラ。金箔を飾るとグッと本格的!

材料（容量300mlのジャー4個分）

プレーンスポンジケーキ（64ページ）……適量
コーヒークリーム（66ページ）……全量
ガナッシュ
　クーベルチュールチョコレート（ビター）……50g
　牛乳……大さじ2
コーヒーシロップ
　インスタントコーヒー（粉）……5g
　グラニュー糖……15g
　熱湯……50ml
金箔……好みで少々

下準備

＊チョコレートは製菓用のタブレット状のものがなければ、細かく
　刻む（板チョコでもOK）。

作り方

1 ガナッシュを作る。耐熱容器にチョコレートと牛乳を入れ、電子レンジで50秒加熱してチョコレートを溶かす。泡立て器で混ぜ、底を氷水にあててクリーム状になるまで冷ます。

★チョコレートが溶けないときは、電子レンジでさらに10秒加熱します。

2 コーヒーシロップの材料は混ぜ合わせておく。

3 スポンジケーキは65ページの要領で1cm厚さに切り、ジャーに入る大きさに丸く切り抜く。これを16枚用意し、両面に2をはけで軽くぬる。

4 ジャーに3、コーヒークリーム適量、3、ガナッシュ適量の順に入れ、さらに、3、コーヒークリーム適量の順に2回重ね、最後にガナッシュを等分に流し入れ、好みで金箔を飾る。

Viennese chocolate cake

ウィーン風チョコレートケーキ

こちらはココアスポンジとキャラメルクリーム、
チョコの組み合わせ。ジャーなら層がきれいに見えます。

材料（容量250mlのジャー4個分）

ココアスポンジケーキ（64ページ）……適量
キャラメルクリーム（67ページ）……全量
ガナッシュ
　クーベルチュールチョコレート（ビター）……50g
　牛乳……大さじ2

下準備
＊チョコレートは製菓用のタブレット状のものがなければ、細かく刻む（板チョコでもOK）。

作り方

1　オペラ（62ページ）の**1**の要領で、ガナッシュを作る。

2　スポンジケーキは65ページの要領で1cm厚さに切り、ジャーに入る大きさに丸く切り抜く。これを24枚用意する。

3　ジャーの底に**2**を1枚入れ、キャラメルクリーム適量をスプーンで入れる。

4　**3**をさらに4回繰り返し、最後に**2**をのせる。ガナッシュを星型の口金をつけたしぼり袋に入れ、等分にしぼり出す（スプーンでのせてもよい）。

POINT
オペラでも使うガナッシュはチョコレートを牛乳に溶かしたもの。よく溶かしてから冷やし、しぼったり、ぬったりできるかたさにします。

ジャースイーツを
おいしく！

スポンジケーキの作り方

きめが細かくてフワフワのスポンジケーキの作り方を紹介。
ココアや抹茶味へのアレンジも、簡単にできます。

プレーンスポンジケーキ
甘さを控えた基本のスポンジ生地。

材料（直径15cmの丸型1個分）
卵……120g（約2個）
上白糖……70g
薄力粉……70g
太白ごま油（またはサラダ油。ほかも同様）……大さじ1
牛乳……大さじ2

ココアスポンジケーキ
チョコレートケーキ作りに活躍。

材料（直径15cmの丸型1個分）
卵……120g（約2個）
上白糖……70g
薄力粉……60g
ココアパウダー（無糖）……15g
太白ごま油……大さじ1
牛乳……大さじ2

コーヒースポンジケーキ
インスタントコーヒーを混ぜればOK。

材料（直径15cmの丸型1個分）
卵……120g（約2個）
上白糖……70g
薄力粉……70g
インスタントコーヒー（粉）……5g
太白ごま油……大さじ1
牛乳……大さじ2

抹茶スポンジケーキ
和風のスイーツ作りなどに。

材料（直径15cmの丸型1個分）
卵……120g（約2個）
上白糖……70g
薄力粉……65g
抹茶……5g
太白ごま油……大さじ1
牛乳……大さじ2

下準備（4種共通）
＊太白ごま油と牛乳は、合わせて人肌程度に温める（コーヒースポンジは、インスタントコーヒーを油、牛乳に加えて温め、溶かす）。
＊薄力粉はふるう（ココアスポンジ、抹茶スポンジは、ココアパウダー、抹茶をそれぞれ薄力粉と合わせてふるう）。
＊オーブンペーパーを型に合わせて丸く切って底に敷き、高さに合わせて帯状に切って側面に敷く。
＊オーブンは180℃に予熱する。

1  ボウルに卵を入れてハンドミキサー（中速）でほぐす。上白糖を一度に加え、湯せんにつけながらさらに泡立てる。

4  薄力粉の半量を**3**に加え、ゴムべらで底からすくい上げるように混ぜる。粉けが少なくなったら残りの薄力粉を加え、同様に粉けがなくなるまで混ぜる。

2  **1**に指を入れて温かいと感じるようになったら、湯せんからはずし、生地がもったりとして、ミキサーで持ち上げると線が描け、その跡が残るくらいまで泡立てる。

5
合わせておいた太白ごま油と牛乳を加えて混ぜ、全体になじんだら上のほうから型に流し入れ、180℃に予熱したオーブンで30分焼く。

3 泡立て器に替え、グルグルと円を描くようにゆっくりと混ぜる。
★泡立て器でさらに混ぜることで、ハンドミキサーの勢いでできた大きな気泡を消し、きめを整えます。

6  焼き上がったら、型ごと台に軽く数回落として熱気を逃がし（逃がさないと生地が沈むので注意）、型をはずして網にのせて冷ます（切るときにペーパーをはがす）。

レイヤーケーキ用に切るときは

厚みを均等に切る
製菓用のアルミケーキカットルーラーなどをスポンジケーキの前後にあて、それに沿わせてナイフを水平に入れる。

丸く切り抜く
ジャーの口径に合うクッキー型で抜くほか、コップなどの丸いものをスポンジ生地にのせてナイフで周囲をぐるりと切る。

角切りにする
厚みを均等に切ってから、幅を合わせて縦横に切る。下にオーブンペーパーなどを敷いておくと、ラクに角度を変えられて切りやすい。

デコレーションアイテムの作り方

ジャースイーツをおいしく！

盛りつけに欠かせないクリームなどの作り方を覚えて、ジャースイーツのデコレーションを楽しみましょう。

クレームシャンティ

口当たりのよい基本のホイップクリーム。

材料（作りやすい分量）
生クリーム……200ml　グラニュー糖……15g
キルシュ……好みで小さじ1

作り方
❶ボウルに材料をすべて入れ、底を氷水にあて、ハンドミキサーで線が少し残るくらいになるまで泡立てる。

POINT
使う直前にハンドミキサーで泡立てましょう。泡立てすぎるとボソボソになるので注意。さくらんぼのブランデーのキルシュは、風味づけに好みで加えます。

コーヒークリーム

細かい粉状のインスタントコーヒーを使って。

材料（作りやすい分量）
生クリーム……200ml　グラニュー糖……20g
インスタントコーヒー（粉）……3g

作り方
❶グラニュー糖とコーヒーを混ぜ合わせる。
❷ボウルに生クリームを入れて❶を加え、クレームシャンティ（左記）と同様に泡立てる。

抹茶クリーム

スイーツのアクセントカラーに◎。

材料（作りやすい分量）
生クリーム……200ml　グラニュー糖……20g
抹茶……4g

作り方
❶抹茶は茶こしでふるい、グラニュー糖と混ぜ合わせる。

❷ボウルに生クリームを入れて❶を加え、底を氷水にあて、ハンドミキサーで線が少し残るくらいに泡立てる。

POINT
抹茶はあらかじめふるい、グラニュー糖に混ぜてクリームに加えると、ダマになりにくくなります。

チョコレートクリーム
ホワイトチョコクリーム

製菓用のチョコレートを使うと本格的。

チョコレートクリームの材料（作りやすい分量）
クーベルチュールチョコレート（スイート）……80g
生クリーム……200ml

ホワイトチョコクリームの材料（作りやすい分量）
クーベルチュールチョコレート（ホワイト）……100g
生クリーム……200ml

作り方
❶耐熱ボウルにチョコレートと生クリーム60ml（ホワイトチョコクリームの場合は80ml）を入れ、電子レンジで1分30秒加熱してチョコレートを溶かし（溶けないときはさらに10秒加熱）、泡立て器で混ぜる。
❷残りの生クリームを❶に少しずつ加え、そのつど泡立て器で円を描くように混ぜる。生クリームをすべて加えたら、ボウルの底を氷水にあて、ハンドミキサーで線が少し残るくらいになるまで泡立てる。

キャラメルクリーム
スポンジ生地に合うホイップタイプ。

材料（作りやすい分量）
生クリーム……200㎖　グラニュー糖……40g

作り方
❶耐熱容器に生クリームを入れ、電子レンジで2分加熱する。
❷深鍋にグラニュー糖を入れて中火にかけ、きつね色になるまで溶かす。泡が立ち、濃い茶色になったら火を止め、❶を一気に加えて混ぜる（はねるのでやけどに注意）。
❸❷をボウルに移し、底を氷水にあてて冷まし、ハンドミキサーで線が少し残るくらいまで泡立てる。

カスタードクリーム
電子レンジでパパッと作れます。

材料（作りやすい分量）
卵黄……1個分　グラニュー糖……20g
コーンスターチ……8g　牛乳……100㎖

作り方
❶耐熱ボウルに卵黄とグラニュー糖を入れ、泡立て器でよくすり混ぜる。コーンスターチ、牛乳を順に加え、そのつど混ぜる。

POINT
レンジにかけると卵黄に少し火が入るので、すぐに混ぜてなめらかにします。冷やすときはクリームにじかにラップをかぶせ、乾燥を防止。

❷❶を電子レンジで1分30秒加熱し、取り出してすぐに泡立て器でよく混ぜる。再び電子レンジで1分加熱し、同様に混ぜる。

❸表面にラップをぴったりと貼りつけ、ボウルの底を氷水にあてて素早く冷やす。

クランブル
香ばしくて、食感のアクセントに◎。

材料（作りやすい分量）
バター（食塩不使用）……20g
a　きび砂糖……20g
　　アーモンドパウダー……20g
　　薄力粉……20g

作り方

❶バターは室温に戻し、ボウルに入れて泡立て器で混ぜ、マヨネーズ状にする。

❷aの材料をいっしょにふるって❶に加え、ゴムべらで混ぜる。粉っぽさがなくなったら、手でひとかたまりにまとめる。

❸❷をオーブンペーパーの上にのせ、めん棒で薄くのばす。ペーパーごと天板にのせ、170℃に予熱したオーブンで20分焼く。

❹網に取り出して冷まし、めん棒などでたたいて粗く砕く。

Jar sweets recipe Baked sweets, Jam etc.

Cheese sweets, Chocolate sweets, Cupcake and more

Part3
ジャーで楽しむ人気スイーツ

チーズケーキやチョコレートケーキ、カップケーキなど、
一度は作ってみたくて、贈りものにも喜ばれるスイーツがいろいろ。
ジャーを使えば作りやすいので、ぜひお試しください。

Cheese sweets

チーズのスイーツ

人気のベイクドチーズケーキ、レアチーズケーキをはじめ、
一度食べたらやみつきになる6種類のレシピを紹介。
ジャーを使えば、手軽に失敗なく作れます!

POINT
湯を張ったバットにジャーを入れて焼くと、火がゆっくり入るので
生地がしっとり、なめらかに。はじめにチーズをよく練ることも大切。

New York cheesecake
ニューヨークチーズケーキ

保存：冷蔵で1週間

クリームチーズをたっぷり使ったベイクドチーズケーキの代表。
コクと甘さ、ほのかな酸味のバランスは最強です！

材料（容量250mlのジャー3個分）　{オーブン調理}

クッキー生地
- バター（食塩不使用） ……40g
- 市販のクッキーやビスケット ……80g

★ケーキを取り出すなら、口がすぼんでいないジャーを使用。

チーズ生地
- クリームチーズ……200g
- レモンの皮……1/2個分
- サワークリーム……90g
- バター（食塩不使用） ……20g
- 卵……1個
- 卵黄……1個分
- グラニュー糖……60g
- コーンスターチ……10g

下準備
＊チーズ生地のクリームチーズ、サワークリーム、バターは室温に戻す（バターは指がスッと入るくらいにやわらかくする）。
＊レモンはよく洗い、黄色い表皮をすりおろす。
＊コーンスターチはふるう。
＊ジャーの内側にバター（分量外）を薄くぬる。
＊オーブンは160℃に予熱する。

1  クッキー生地を作る。ボウルにクッキーを入れてめん棒などで細かく砕き、湯せんなどで溶かしたバターを加えて混ぜる。

2  1をジャーに等分に入れ、スプーンなどで底に平らに敷き、冷蔵庫で30分くらい冷やす。

3  チーズ生地を作る。ボウルにクリームチーズ、すりおろしたレモンの皮を入れ、ゴムべらでなめらかになるまで練る。サワークリーム、バターを加え、泡立て器に替えてさらにしっかりと混ぜる。

4  別のボウルに卵、卵黄を入れて溶きほぐし、グラニュー糖を加えてよく混ぜ、2回に分けて3に加え、そのつど泡立て器で混ぜる。コーンスターチも加え、混ぜ合わせる。

5  4を2に等分に流し入れる。

6  オーブンの天板にバットをのせ、ふきんを敷いた上に5を並べる。湯（風呂の湯温くらい）を生地の高さの約半分まで注ぎ、160℃に予熱したオーブンで30分蒸し焼きにする。

7  網に取り出し、粗熱がとれたらジャーのふたをして冷蔵庫で3時間以上冷やす。ケーキを取り出すときは、周囲にパレットナイフをぐるりと入れ、ジャーとの間に空気を入れると取り出しやすい。

POINT
クッキー生地にチーズ生地を重ねるだけだから簡単。パイナップルのコンポートの代わりに、季節のフルーツやジャムを利用する手も。

Rare cheesecake
レアチーズケーキ

保存：冷蔵で2〜3日

ゼラチンを使わず、チーズをよく混ぜて固めるだけ！
充分に冷やして、パイナップルのさわやかさを添えてどうぞ。

材料（容量160mlのジャー6個分）

クリームチーズ……100g
サワークリーム……15g
グラニュー糖……15g
生クリーム……120ml
レモン汁……½個分
市販のクッキーやビスケット
　　……60g
パイナップルのコンポート
　（93ページ）……180g
ミント……好みで適量

★パイナップルのコンポートは、缶詰のパイナップルで代用してもOK。

下準備
＊クリームチーズ、サワークリームは室温に戻す。
＊クッキーはめん棒などで粗く砕く。

1
ボウルにクリームチーズ、サワークリーム、グラニュー糖を入れ、ハンドミキサーで混ぜ合わせる。

4
砕いたクッキーをジャーの底に10gずつ入れる。

2
全体が混ざってなめらかになったら、生クリームを少しずつ加え、そのつどハンドミキサーで泡立てる。

5
クッキーの上に3をスプーンで等分に入れる。パイナップルのコンポートを1cm角くらいに刻んで等分にのせ、好みでミントの葉を飾る。

3
生クリームを全部加えたら、レモン汁を加えて混ぜ、しっかりと冷やす。

POINT
チーズ生地に生クリームを混ぜるときは、一度に加えず、数回に分けて少しずつ加えたほうが混ざりやすく、なめらかな生地ができます。

Soufflé cheesecake
りんごのスフレチーズケーキ

保存:冷蔵で4〜5日

フワフワの生地にフォークを入れるとき、チーズを味わう最初のひと口、
甘いりんごといっしょに食べるとき…。楽しみがいろいろ！

材料（容量165mlのジャー3個分）{オーブン調理}

りんごのコンポート
- りんご（紅玉など）……1個
- バター（食塩不使用）……10g
- グラニュー糖……20g
- カルヴァドス、ブランデーなど
  ……好みで20ml
- レーズン……20g

チーズ生地
- クリームチーズ……100g
- グラニュー糖……35g
- サワークリーム……20g
- 卵黄……1個分
- メレンゲ
  - 卵白……1個分
  - グラニュー糖……20g

下準備
- ＊クリームチーズ、サワークリームは室温に戻す。
- ＊レーズンは湯に浸して戻し、水気をきる。
- ＊オーブンは160℃に予熱する。

1
りんごのコンポートを作る。りんごは皮をむき、12等分のくし形に切って芯を取り、横に1cm厚さに切る。鍋にバターを溶かし、りんごを加えて全体にバターをからめる。

2
りんごの皮とグラニュー糖を1に加えて混ぜ、水分が出てきたら、ふたをして弱火で蒸し煮にする。水分がなくなったら好みでカルヴァドスなどを加え、アルコール分をとばし、バットなどに取り出して冷ます。

3 チーズ生地を作る。ボウルにクリームチーズとグラニュー糖を入れ、ゴムべらでなめらかになるまで練る。サワークリーム、卵黄を加え、泡立て器に替えてしっかりと混ぜる。

4
メレンゲを作る。別のボウルに卵白とグラニュー糖を入れ、ハンドミキサーで角が立つくらいに泡立てる。

5
4を3に加えて泡を消さないように泡立て器で混ぜる。メレンゲが見えなくなったら、ボウルのまわりについた生地をゴムべらで落として全体に混ぜる。

6
2をジャーの底に等分に入れて戻したレーズンを適量ずつ散らし、5をスプーンで等分に流し入れる。

7 オーブンの天板にバットをのせ、ふきんを敷いた上に6を並べる。湯（風呂の湯温くらい）を生地の高さの約半分まで注ぐ。

8 160℃に予熱したオーブンに7を入れ、30分蒸し焼きにする。網に取り出し、粗熱がとれたらジャーのふたをして冷蔵庫で3時間以上冷やす。

POINT
スフレのふんわり感に欠かせないのがメレンゲ。卵白とグラニュー糖を充分に泡立て、他の材料と合わせるときは泡を消さないようにさっくりと混ぜて。

りんごのコンポートのほどよい酸味とレーズンの甘さが、チーズのおいしさを引き立ててくれます。

Tiramisu

保存:冷蔵で2〜3日

ティラミス

マスカルポーネクリームでコーヒーゼリーを
サンドして、ライトな味&新食感に!

材料(容量300mlのジャー3個分)

チーズクリーム
| マスカルポーネチーズ……200g
| 生クリーム……100ml
| グラニュー糖……20g
コーヒーゼリー
| 水……200ml
| インスタントコーヒー(粉)……4g
| グラニュー糖……10g
| アガー……4g
コーヒーシロップ
| インスタントコーヒー(粉)……5g
| グラニュー糖……15g
| 熱湯……50ml
市販のクッキーやビスケット……6枚
ココアパウダー(無糖)……適量

作り方

1 チーズクリームの材料をボウルに入れ、泡立て器でとろりとするまで混ぜる。

2 コーヒーゼリーは23ページの要領で作り、バットなどに流して冷やし固める。

3 コーヒーシロップの材料をボウルに合わせ、ビスケットを浸す。

4 3を2枚ずつジャーの底に敷き、1の半量を等分に入れる。2をスプーンですくって等分に入れ、残りの1も同様に入れ、ジャーのふたをして冷蔵庫で3時間以上冷やす。食べるときにココアをふるう。

POINT

本格的なティラミスで使用するフィンガービスケットより、ジャーには丸いビスケットが重宝。濃いめのコーヒーシロップにしっかり浸しましょう。

Walnut cheesecake
リコッタチーズとくるみのケーキ

保存:冷蔵で1週間

ほろ苦いキャラメルをからめたくるみが
さっぱりめのチーズ生地にマッチ。

材料（容量250mlのジャー4個分）{オーブン調理}

クッキー生地
市販のクッキーやビスケット
　……80g
バター（食塩不使用）
　……40g

くるみのキャラメリゼ
くるみ（ロースト）……100g
グラニュー糖……80g

チーズ生地
リコッタチーズ……100g
クリームチーズ……100g
サワークリーム……50g
バター（食塩不使用）
　……25g
グラニュー糖……55g
卵……1個
卵黄……1個分
コーンスターチ……5g

下準備
＊リコッタチーズ、クリームチーズ、サワークリーム、バターは室温に戻す。
＊コーンスターチはふるい、オーブンは160℃に予熱する。

作り方

1 ニューヨークチーズケーキ（71ページ）の**1〜2**の要領で、クッキー生地を作ってジャーの底に等分に敷き、冷蔵庫で30分ほど冷やす。

2 くるみのキャラメリゼを作る。鍋にグラニュー糖を入れて中火にかけ、鍋をゆすりながら茶色になるまで溶かす。くるみを加えてキャラメルをからめ、オーブンペーパーの上に広げて冷ます。飾り用に少し取り分け、残りは粗く刻んで**1**に等分に散らす。

3 ニューヨークチーズケーキの**3〜6**の要領で、リコッタチーズはクリームチーズとともに加えてチーズ生地を作り（レモンの皮は加えない）、**2**に等分に流し入れる。ふきんを敷いたバットに並べて天板にのせ、湯を張り、160℃のオーブンで30分蒸し焼きにする。

4 網に取り出し、粗熱がとれたらジャーのふたをして冷蔵庫で3時間以上冷やす。食べるときに取り分けておいた**2**を飾る。

リコッタチーズ
乳清から作られ、さっぱりとして低脂肪。南イタリアが原産で、はちみつをかけてそのまま食べても美味。

Double cheesecake
ダブルチーズケーキ

保存:冷蔵で2〜3日

ふんわり軽いマスカルポーネクリームの下に、クリームチーズのとろとろプリン。甘酸っぱいジャムが味を引き締めます。

材料（容量250mlのジャー6個分）{湯せん調理}

チーズプリン生地
- クリームチーズ……100g
- 卵……1個
- 卵黄……1個分
- グラニュー糖……30g
- 牛乳……150ml
- 生クリーム……50ml
- バニラエッセンス……数滴

チーズクリーム
- マスカルポーネチーズ……200g
- 生クリーム……100ml
- グラニュー糖……20g
- ラズベリージャム……120g

マスカルポーネチーズ
ティラミスにも使われるイタリアのチーズ。乳脂肪分が多く、クリームのようななめらかさと食べやすさが特徴。

下準備
*クリームチーズは室温に戻す。

1 チーズプリン生地を作る。ボウルにクリームチーズを入れ、ゴムべらでなめらかになるまで練る。

2  別のボウルに卵、卵黄を入れて溶きほぐし、グラニュー糖を加えてよく混ぜる。2回に分けて1に加えては泡立て器で混ぜる。

3  耐熱容器に牛乳と生クリームを入れ、電子レンジで1分を目安に加熱して50〜60℃に温め、2に加えて混ぜる。バニラエッセンスも加える。

4  3を万能こし器などでこし、ペーパータオルをかぶせて生地表面の気泡を取り除き、ジャーに等分に流し入れてしっかりとふたをする。

5  鍋にふきんを敷いて4を入れ、ジャーがひたひたに浸かるまでぬるま湯を注いで火にかける。沸騰したら、弱火にして25〜30分加熱する（湯がぶくぶくと沸かないように注意する）。

6 火を止め、湯が冷めるまでそのままおいて鍋から取り出す。ふきんの上で粗熱をとり、冷蔵庫で3時間以上冷やす。
★チーズプリンは湯せん調理後、ふたをしたまま未開封の状態なら、冷蔵で2週間保存できます。

7  チーズクリームは、ボウルに材料をすべて入れ、泡立て器でとろりとするまで混ぜる。

8 6にラズベリージャムを15gずつ入れて7を等分にふんわりとのせ、残りのラズベリージャムをかける。

POINT

ジャムは酸味のあるものが合い、ブルーベリージャム、あんずジャムなどもおすすめ。生のいちごやブルーベリーを使ってもおいしくできます。

Chocolate Sweets
チョコレートのスイーツ

スイーツファンの心をときめかせるチョコレート菓子作りも
ジャーにおまかせ！ 定番のガトーショコラなどに加えて、
キュートなホットチョコレートの素なども紹介。

Chocolate ganache cake
蒸し焼きガトーショコラ

保存：常温で4～5日
夏場は冷蔵

心もおなかも満たされる、どっしりとして力強いチョコ味。
蒸し焼きにするので、ふんわりと仕上がるのが特徴。

材料（容量165mlのジャー6個分）{オーブン調理}

卵黄……2個分
グラニュー糖……30g
クーベルチュールチョコレート
　（ビター）……60g
バター（食塩不使用）……35g
生クリーム……大さじ2
ラム酒……小さじ1
薄力粉……10g
ココアパウダー（無糖）……20g

メレンゲ
｜卵白……2個分
｜グラニュー糖……40g
粉砂糖……適量

下準備
＊チョコレートは製菓用のタブレット状のものがなければ、細かく刻む（板チョコでもOK）。
＊バターは2cmくらいの角切りにし、チョコレートとともにボウルに入れ、湯せんで溶かし、温かく保つ。
＊生クリームは電子レンジなどで人肌程度に温め、薄力粉とココアパウダーは合わせてふるう。
＊ジャーの内側にバター（分量外）を薄くぬり、オーブンは160℃に予熱する。

1

ボウルに卵黄を入れ、泡立て器で円を描くように混ぜる。グラニュー糖を一度に加え、白っぽくなるまでよく混ぜる。

2

溶かしておいたチョコレートとバターを**1**に加えて混ぜる。
★チョコレートとバターは、冷めると卵と混ざりにくいので、温かいうちに加えます。

3

2に温めた生クリーム、ラム酒を加え混ぜ、ふるった粉類も加えて粉っぽさがなくなるまで混ぜる。

4
75ページの**4**の要領で、卵白とグラニュー糖40gを泡立て、角が立つくらいのメレンゲを作る。

5

3に**4**の半量を加えて泡立て器で混ぜ、**4**に戻して混ぜ、メレンゲが見えなくなったら、ジャーに等分に入れる。

6

オーブンの天板にバットをのせ、ふきんを敷いた上に**5**を並べる。湯（風呂の湯温くらい）を生地の高さの約半分まで注ぎ、160℃に予熱したオーブンで30分蒸し焼きにする。

7
網に取り出して冷ます（保存するときはジャーのふたをして常温で）。食べるときに茶こしで粉砂糖をふる。
★温かいまま食べてもおいしい。

POINT
生地をふんわりさせるメレンゲは、一度に加えると混ざりにくいので、2回に分けて加えましょう。混ぜるときはメレンゲの泡をつぶさないように。

=== Chocolate terrine ===

チョコレートテリーヌ

保存:冷蔵で2週間
作りおきOK!

ナッツやマシュマロを混ぜて固めた濃厚チョコ。
場所によって変わる切り口の表情が楽しみ。

材料(容量250mlのジャー2個分)

クーベルチュールチョコレート
　(ビター)……200g
生クリーム……100ml
マシュマロ……20g
ビスケット……30g
オレンジピール……30g
アーモンド(ロースト)……50g
粉砂糖……適量

★固めたチョコを取り出すため、口がすぼんでいないジャーを使用。

下準備

＊チョコレートは製菓用のタブレット状のものがなければ、細かく刻む(板チョコでもOK)。
＊ビスケットはめん棒で砕き、オレンジピールは刻む。

POINT

ジャーから取り出すときは、まわりが軽く溶ける程度に湯せんで温め、パレットナイフなどをさしこんで空気を入れます。

作り方

1 耐熱容器に生クリームを入れ、電子レンジで1分20秒を目安に加熱して沸騰させる。取り出してすぐにチョコレートを加え、混ぜずに、30秒程度生クリームの熱で溶かす。
★チョコレートが溶けないときは、電子レンジで10秒加熱して溶かします。

2 1を泡立て器でゆっくりと混ぜ、つやが出たら、マシュマロ、砕いたビスケット、刻んだオレンジピール、アーモンドを混ぜる。

3 2の半量を3回に分けてジャーに入れる。途中、ジャーの底を手のひらにトントンと打ちつけ、間の空気を抜く。残りも同様にし、ふたをして冷蔵庫で半日以上冷やす。

4 3を湯せんに入れて周囲を少し溶かし、パレットナイフをさしこんでジャーから取り出す。粉砂糖を茶こしで全体にふり、輪切りにしていただく。

Hot chocolate fudge cake
フォンダンショコラ

保存:冷蔵で1週間

表面だけ焼けて中はトロトロ。
ぜひ、チョコが溶け出す温かいうちに!

材料（容量165mlのジャー3個分）{オーブン調理}

クーベルチュールチョコレート
　（ビター）……60g
バター（食塩不使用）
　……60g
卵……1個
グラニュー糖……45g

下準備
* チョコレートは製菓用のタブレット状のものがなければ、細かく刻む（板チョコでもOK）。
* バターは2cmくらいの角切りにし、チョコレートとともにボウルに入れ、湯せんで溶かし、温かく保つ。
* オーブンは160℃に予熱する。

作り方

1. ボウルに卵を割り入れ、泡立て器で円を描くように混ぜる。グラニュー糖を一度に加え、よく混ぜる。

2. 溶かしておいたチョコレートとバターを1に加えて混ぜ、ジャーに等分に流し入れる。
★この状態で、ふたをして冷蔵庫で2〜3日保存できます（焼くときはふたをはずして）。

3. オーブンの天板にバットをのせ、ふきんを敷いて2を並べ、湯（風呂の湯温くらい）を生地の高さの約半分まで注ぐ。

4. 3を160℃のオーブンで10〜15分蒸し焼きにする。温かいまま、中心が溶けた状態でいただくとおいしい。
★すぐに食べない場合は、粗熱がとれたらジャーのふたをして冷蔵庫で冷やし、食べるときに電子レンジで少し温めます。

POINT
表面が乾いて周囲が焼けるのが焼き上がりの目安。焼き時間に気をつけて、中心まで火を通さないようにしましょう。

ほろ苦く、濃厚なチョコとマイルドなミルクの組み合わせが絶妙。ブランデーの香りが口の中でふんわり広がる大人のドリンクです。

Hot chocolate
ホットチョコレート

保存:冷蔵で2週間 作りおきOK!

小さなジャーで固めたチョコを
ホットミルクに溶かしてどうぞ。

材料(容量40mlのジャー4個分)

クーベルチュールチョコレート(ビター)……100g
牛乳……50ml
ブランデーまたはラム酒……好みで小さじ1

下準備

*チョコレートは製菓用のタブレット状のものがなければ、細かく刻む(板チョコでもOK)。
*チョコにさすスプーンは、木やプラスチックなどの軽いものを用意する(47ページ参照)。

POINT

チョコレートを取り出すときは、湯せんに入れてまわりを少し溶かし、ひねるようにすると無理なく取り出せます。

作り方

1. 耐熱容器にチョコレートと牛乳を入れ、電子レンジで1分30秒加熱してチョコレートを溶かし、泡立て器で混ぜる。
★チョコレートが溶けないときは、電子レンジで10秒加熱して溶かします。

2. 1につやが出たら、好みでブランデーを加えて混ぜる。

3. 2をジャーに等分に流し入れ、中央にスプーンをさし、冷蔵庫で半日以上冷やす。
★スプーンが倒れる場合は、チョコレートの表面が少し固まってからさしましょう。

4. 3を湯せんに入れ、チョコレートの周囲を少し溶かしてジャーから取り出す。温めた牛乳(分量外。1人分150mlが目安)に溶かしていただく。

Brownie

オレンジブラウニー

チョコと相性がいいオレンジピール入り。
甘酸っぱさがアクセントに。

保存：常温で4～5日
夏場は冷蔵

材料（容量250mlのジャー3個分）{オーブン調理}

- クーベルチュールチョコレート（ビター）……120g
- 卵……1個
- きび砂糖……40g
- バター（食塩不使用）……50g
- 牛乳……大さじ2
- グランマルニエ……小さじ1
- オレンジピール……20g
- くるみ（ロースト）……30g
- 薄力粉……50g
- ベーキングパウダー……2g
- ガナッシュ
  - クーベルチュールチョコレート（ビター）……50g
  - 牛乳……大さじ2

下準備

＊チョコレートは製菓用のタブレット状のものがなければ、細かく刻む（板チョコでもOK）。
＊バターは2cmくらいの角切りにし、チョコレートとともにボウルに入れ、湯せんで溶かし、温かく保つ。
＊牛乳は電子レンジなどで人肌程度に温める。
＊オレンジピールは細かく、くるみは粗く刻む。
＊薄力粉とベーキングパウダーは合わせてふるう。
＊ジャーの内側にバター（分量外）を薄くぬり、オーブンは160℃に予熱する。

作り方

1 ボウルに卵を溶きほぐし、湯せんに入れて泡立て器で混ぜながら人肌に温める。きび砂糖を一度に加えて混ぜ、溶かしておいたチョコレートとバターも加え混ぜる。

2 温めた牛乳を1に加えて混ぜ、グランマルニエ、オレンジピールも加え混ぜ、くるみの半量も加える。

3 ふるった粉類を一度に2に加え、粉っぽさがなくなるまで混ぜる。ボウルのまわりについた生地をゴムべらで落として全体を混ぜ、ジャーに等分に流し入れ、くるみの残りを散らす。

4 3を160℃のオーブンで25分焼く。網に取り出して冷ます。

5 ガナッシュの材料を耐熱容器に入れ、電子レンジで50秒加熱してチョコを溶かし（溶けないときは、さらに10秒加熱）、泡立て器で混ぜる。ケーキの表面にスプーンで線を描くように垂らす（保存するときはジャーのふたをして常温で）。

グランマルニエ
ブランデーのコニャックにオレンジの皮などを加えて作る、オレンジリキュールの一種。なければ、コアントローやふつうのブランデーで代用しても大丈夫。

オレンジピール
乾燥させたオレンジの果皮を砂糖水などで煮詰めたもの。チョコレートと相性がよく、パウンドケーキなどに混ぜても美味。

Cupcake · Muffin
カップケーキ・マフィン

人気の焼き菓子が専用の型やペーパーカップを使わず焼けるのも
ジャーだからこそ。アメリカ生まれの注目のお菓子、
ポップオーバーも、ふっくら、サクサクに焼き上がります。

Chocolate cupcake & Raspberry cupcake
チョコ&ラズベリーのカップケーキ

保存:常温で4~5日
夏場は冷蔵

そのまま食べてもおいしいココア風味の生地を
2色のクリームでデコレーションしてニューヨークスタイルに!

材料（容量130mlのジャー6個分）　{オーブン調理}

スポンジ生地
- 卵……2個
- きび砂糖……110g
- ⓐ 薄力粉……80g
- ココアパウダー（無糖）……20g
- アーモンドパウダー……15g
- ベーキングパウダー……2g
- ⓑ バター（食塩不使用）……70g
- 牛乳……35ml

チョコレートクリーム（3個分）
- クーベルチュールチョコレート（ミルク）……50g
- 牛乳……大さじ2

ラズベリークリーム（3個分）
- クーベルチュールチョコレート（ホワイト）……50g
- ラズベリージャム……10g
- 牛乳……大さじ1
- ラズベリー（フリーズドライを砕いたもの）……好みで少々

下準備
* ⓐは合わせてふるう。ⓑは同じボウルに入れ、湯せんで溶かして温かく保つ。
* チョコレートは製菓用のタブレット状のものがなければ、細かく刻む（板チョコでもOK）。
* ジャーの内側にバター（分量外）を薄くぬる。
* オーブンは170℃に予熱する。

---

1  スポンジ生地を作る。ボウルに卵を割り入れて湯せんで人肌程度に温め、ハンドミキサーでほぐす。きび砂糖を一度に加えてミキサーで泡立て、もったりとして、生地を持ち上げると一瞬線が描け、すぐに消える程度まで泡立てる。

2  ふるった粉類を2回に分けて**1**に加え、そのつど底からすくい上げるようにゴムべらで混ぜる。

3  バターを溶かした牛乳を**2**に加え、全体がなじんで、つやが出るまで混ぜる。

4  **3**をジャーに等分に流し入れ、170℃のオーブンで30分焼き、網に取り出して冷ます。

5  チョコレートクリームの材料を耐熱容器に入れ、電子レンジで50秒加熱して、チョコレートを溶かし（溶けないときは、さらに10秒加熱）、泡立て器で混ぜる。底を氷水にあててクリーム状になるまで冷やし、**4**の半量にスプーンでぬる。

6 ラズベリークリームも、**5**の要領で同様に作り、残りの**4**にぬる。好みでラズベリーを飾る。
★保存するときは、カップケーキをジャーから取り出し、クリームをのせずにラップで包んで。

POINT
アーモンドを粉末状にしたアーモンドパウダーを加えると、生地の香ばしさがアップ。手に入らないときは、薄力粉を95gに増量してください。

=== Sweet potato cupcake ===

スイートポテトカップケーキ

保存:冷蔵で4〜5日

焼きいもと白あんを使ったほのぼの味。
緑茶のおともにもおすすめです。

材料(容量80mlのジャー8個分) {オーブン調理}

焼きいも(市販)
　……200g(約中2本分)
白あん……100g
バター(食塩不使用)
　……60g
きび砂糖……20g
卵黄……2個分
ラム酒……小さじ2
生クリーム……大さじ2
溶き卵……適量

下準備
＊バターは室温に戻す。
＊ジャーの内側にバター(分量外)を薄くぬる。
＊オーブンは170℃に予熱する。

作り方

1　焼きいもは皮をむき、適当な大きさに分けてボウルに入れ、ブレンダーでなめらかになるまでかくはんして200g分用意する。白あんを加え、ゴムべらでよく混ぜてなじませる。

2　別のボウルにバターを入れ、泡立て器でマヨネーズ状になるように混ぜ、きび砂糖を加えて混ぜる。

3　2に卵黄を1個ずつ加えては混ぜ、ラム酒も混ぜる。これを1に加え、泡立て器で混ぜて全体をなじませ、生クリームを加えて混ぜる。

4　3をジャーに等分に入れて上面に溶き卵をはけでぬる。170℃のオーブンで30分焼き、網に取り出して冷ます。

POINT

焼きいもは安納いもなどの甘みの強い品種がおすすめ。
ブレンダーがなければ裏ごしして白あんと合わせます。

Popover
ポップオーバー

外側はサクッとして中が空洞になるのが特徴。
甘くないのでサラダなどをはさんでも◎。

保存:常温で4~5日
夏場は冷蔵

材料（容量250mlのジャー4個分）{オーブン調理}

薄力粉……100g
きび砂糖……10g
塩……ひとつまみ
牛乳……100ml
卵……2個
太白ごま油（またはサラダ油）
　……大さじ1
粉砂糖、ホイップクリーム、
　フルーツ……好みで適量

★焼き上がったら取り出すので、口がすぼんでいないジャーを使用。

下準備
＊薄力粉はふるう。
＊ジャーの内側にサラダ油（分量外）を薄くぬる。
＊オーブンは200℃に予熱する。

作り方

1　ボウルにふるった薄力粉、きび砂糖、塩を入れて軽く混ぜる。

2　別のボウルに牛乳、卵、太白ごま油を入れて混ぜ合わせ、1に少しずつ加え、泡立て器で粉っぽさがなくなるまで混ぜる。

3　2をジャーに等分に流し、200℃のオーブンで40分焼く。

4　網に取り出して冷まし、ジャーから出して縦半分に切る。器に盛り、ホイップクリームやフルーツを添え、茶こしで粉砂糖をふる。
★保存するときは、ジャーから出してラップで包みます。

太白ごま油
ごま油特有の香りがなくて淡泊で、サラダ油のように使える良質の油。生地をシュークリームの皮のようにふくらませ、サクサクさせます。

=== Blueberry muffin & Banana muffin ===
ブルーベリーとバナナのマフィン
ヨーグルトでコクをつけた生地を、おやつや朝食にいい2種類の味に。
バナナマフィンには、くるみも加えて香ばしく焼き上げました。

ブルーベリーマフィン

材料（容量250mlのジャー5個分）
{ オーブン調理 }

保存:常温で4〜5日
夏場は冷蔵

バター（食塩不使用）
　……80g
卵……1個
きび砂糖……100g
ⓐ 牛乳……50ml
　プレーンヨーグルト
　　……50g

薄力粉……160g
ベーキングパウダー
　……4g
ブルーベリー……80g

下準備
＊バターは室温に戻して指がスッと入るくらいやわらかくする。卵も室温に戻す。
＊粉類は合わせてふるい、オーブンは180℃に予熱する。
＊ジャーの内側にバター（分量外）を薄くぬる。

★生のブルーベリーがなければ、冷凍やシロップ漬けでもOK。

1  ボウルにバターを入れ、ハンドミキサー（中速）で白っぽくなるまで泡立てる。

2  卵は別のボウルに入れて泡立て器でよくほぐし、きび砂糖を入れてよく混ぜ、ⓐも加えて混ぜる。

3

2の半量を少しずつ1に加えてはハンドミキサーで泡立て、ふるった粉類の半量を加えて混ぜる。これをもう一度繰り返し、粉っぽさがなくなったらゴムべらに替え、ボウルのまわりについた生地も混ぜて、つやのある生地にする。

4 ブルーベリーは飾り用に少し取り分けてから、3に加えて全体に行き渡るように混ぜる。ジャーに等分に流し入れて飾り用のブルーベリーを上にのせ、180℃に予熱したオーブンで30分焼き、網に取り出して冷ます。

バナナマフィン

材料（容量250mlのジャー5個分）
{ オーブン調理 }

保存:常温で4〜5日
夏場は冷蔵

バター（食塩不使用）
　……80g
卵……1個
きび砂糖……90g
ⓐ 牛乳……20ml
　プレーンヨーグルト
　　……20g

薄力粉……100g
全粒粉……70g
ベーキングパウダー
　……4g
バナナ……大1本
　（約100g）
くるみ（ロースト）……30g

下準備
＊ブルーベリーマフィン（上記）と同様に下準備する。
＊バナナ½本はフォークなどでつぶし、くるみは粗く砕く。

1 ブルーベリーマフィンの1〜3の要領で生地を作る（つぶしたバナナは2で加えて混ぜる）。

2 砕いたくるみを飾り用に少し取り分けてから、1に加えて全体に行き渡るように混ぜ、ジャーに等分に流し入れる。残りのバナナを2〜3mm厚さの輪切りにして上にのせ、飾り用のくるみを散らし、ブルーベリーマフィンと同様に焼く。

Jam · Compote
ジャム・コンポート

色鮮やかなジャムやコンポートは
ジャーで密閉して保存すると長持ち。
好きな果物の季節に、作りおきしませんか?

保存:冷蔵で1か月　作りおきOK!

─ Strawberry & banana jam ─
いちごとバナナのジャム
それぞれの個性がいきて甘さもコクも充分。

材料(容量250mlのジャー1個分)
いちご……250〜300g
バナナ……大1本(約100g)
グラニュー糖……100g
レモン汁……大さじ1

作り方
1. いちごは洗ってヘタを取り、水気をふき取り、ボウルに入れてフォークなどで軽くつぶす。バナナは皮をむいて1cm厚さの輪切りにする。

2. 鍋に1、グラニュー糖、レモン汁を入れて中火にかける。沸騰したらアクを取り、強火で絶えず混ぜながら3分程度煮る。混ぜると、底が見えるくらいに煮詰まればOK。

3. 2をすぐにジャーに入れてふたをし、逆さにして冷ます。

保存:冷蔵で1か月　作りおきOK!

─ Kiwifruit & banana jam ─
キウイとバナナのジャム
キウイの酸味をバナナでやわらげてマイルドに。

材料(容量220mlのジャー1個分)
キウイ……2個(約150g)
バナナ……大1本(約100g)
グラニュー糖……50g
レモン汁……大さじ1

作り方
1. キウイは皮をむいて1cm厚さのいちょう切りに、バナナは皮をむいて1cm厚さの輪切りにする。

2. いちごとバナナのジャム(左記)の2〜3の要領で、同様に作る。

POINT
底が見えるくらい煮詰めたあと、煮沸したジャーに入れて密閉し、ジャーを逆さにして空気を抜くのがジャム作りの基本。

保存:冷蔵で1か月 作りおきOK!

Mikan compote
みかんのコンポート
丸ごと、シナモン風味のシロップ漬けに。

材料（容量500mlのジャー1個分） ｛湯せん調理｝

みかん……5個　　　　レモン汁……大さじ1
水……150ml　　　　シナモンスティック
白ワイン……50ml　　　……1本
グラニュー糖……60g

作り方

1. みかんは皮をむき、白い筋もきれいに取り除き、丸ごとジャーに入れる。ほかの材料を鍋に入れて沸騰させ、ジャーに注ぎ、しっかりとふたをする。

2. 鍋にふきんを敷いて1を入れ、ジャーがひたひたに浸かるまでぬるま湯を注いで火にかける。沸騰したら弱火にして20分加熱する（湯がぶくぶく沸かないよう注意）。

3. 火を止め、冷めるまでそのままおき、取り出してふきんの上で粗熱をとり、冷蔵庫で冷やす。

保存:冷蔵で1か月 作りおきOK!

Pineapple compote
パイナップルのコンポート
甘酸っぱさをバニラの香りが引き立てます。

材料（容量500mlのジャー1個分） ｛湯せん調理｝

パイナップル……1個　　レモン汁……大さじ1
水……150ml　　　　　バニラビーンズ
グラニュー糖……40g　　……½本

作り方

1. パイナップルは皮をむいて1cm幅の輪切りにし、ジャーに入る大きさのクッキー型などで丸く抜く。芯も丸く抜いてドーナツ形にし、ジャーに重ね入れる。

2. 残りの材料を鍋に入れて沸騰させ、1に注ぎ、しっかりとふたをする。

3. みかんのコンポート（左記）の2〜3の要領で同様に作る。

ジャーでプレゼントスイーツ

ジャースイーツを楽しく！

かわいい見た目と本格的な味を楽しめるジャースイーツは、マスキングテープやリボンなどでラッピングすると器とお菓子のダブルプレゼントに！
しっかり密封できるので、持ち運びしやすいのもポイントです。
手持ちのテープなどでできる簡単なラッピングアイデアを、ぜひ試してみてください。

{ ジャーの中はP71ニューヨークチーズケーキ }

1 リボンでキュートに

リボンをかけてかわいい印象に。フォークと紙ナプキンを添える心づかいで、やさしさアップ。

【ラッピング材料】
◆リボン
◆シール
◆紙ナプキン
◆フォーク

❶フォークを紙ナプキンで包んでジャーの上にのせ、リボンを十字にかけて蝶結びにする。
❷ジャーの正面にシールを貼る。
★リボンの上にシールを貼るとずれにくくなります。

2 手作りタグがポイント

スイーツの名前を入れたタグで素朴な雰囲気に。楽しい気分がきっと伝わります。

【ラッピング材料】
◆木のタグ
◆アルファベットスタンプ
◆ゴム(黒)
◆マスキングテープ
◆スプーン

❶市販の木のタグにアルファベットスタンプでスイーツの名前を押す。
❷タグの両端に穴あけパンチなどで穴をあける。ゴムを通して片側を結び、ジャーの大きさに合わせてもう片方も結んで余った部分を切る。
❸タグが正面にくるように❷をジャーのふたにはめ、上にスプーンをのせてマスキングテープでとめる。

{ ジャーの中はP92キウイとバナナのジャム }

{ ジャーの中はP38かぼちゃのプリン }

3 カラー輪ゴムがアクセント

スイーツの色に合わせたカラー輪ゴムとマスキングテープを使って、シンプルにかわいく！

【ラッピング材料】
◆カラー輪ゴム
◆マスキングテープ

❶ジャーのふたの下に2色のカラー輪ゴムをはめる。
❷写真のようにマスキングテープを貼る。
★テープは柄や色違いのものを2～3種類重ねてもOK。

4 クラフト紙を使って

ナチュラルなクラフト紙と麻ひもの組み合わせは、
マフィンなどの焼き菓子にぴったりです。

【ラッピング材料】
- ◆ クラフト紙
- ◆ 麻ひも
- ◆ マスキングテープ

❶クラフト紙をジャーのふた全体が隠れるくらいの正方形にカットする。
❷❶をふたにかぶせ、まわりに麻ひもを巻きつけて結ぶ。
❸麻ひもの端をマスキングテープでとめる。

{ ジャーの中はP90ブルーベリーマフィン }

5 おしゃれなペーパーを活用

メイソンジャーの中ぶたがはずれる構造を利用。
タグを組み合わせておしゃれに。

【ラッピング材料】
- ◆ ペーパー
- ◆ コットンのリボン
- ◆ タグ

❶中ぶたの大きさに合わせてペーパーを丸くカットする。
❷中ぶたの上に❶をのせ、外ぶたをしてしっかりと閉める。
❸ふたのまわりにリボンを巻きつけて両端をタグの穴に通し、しっかりと結ぶ。

{ ジャーの中はP93みかんのコンポート }

6 シールとスプーンを効果的に

シールを貼るだけでグンとおしゃれ。
スプーンを添えると実用的で、デコレーションも兼ねられます。

【ラッピング材料】
- ◆ シール
- ◆ 柄入りのテープ
- ◆ スプーン

❶ジャーの正面にシールを貼る。
❷側面にスプーンを立ててテープでとめる。

{ ジャーの中はP23コーヒーゼリー }

隈部美千代（くまべ・みちよ）

子どもの頃からお菓子作りに興味を持ち、手作りのお菓子をプレゼントするたび喜ばれることに幸せを感じる。会社員時代を経て、ル・コルドンブルー東京校、パリルノートル他、ドイツ、スイスなど国内外で本格的に菓子、料理、パンを学び、2006年より東京・門前仲町に"贈るお菓子"をコンセプトとしたお菓子教室Sweet Ribbonを開く。基礎からプロの技術を取り入れたノウハウ、ラッピングまで丁寧な指導が人気。テレビや雑誌、企業へのレシピ考案など幅広く活躍。『MASON JAR BOOK』（エムオン・エンタテインメント）『グラススイーツ』『濃厚スイーツ』（ともにエイ出版社）など著書も多数。スタイリングも手がける。

お菓子教室 Sweet Ribbon
http://www.michiyokumabe.com

| 調理アシスタント | 佐藤あかね |
| ラッピング | 隈部千春（P94～95） |

ジャースイーツ

2015年5月7日　第1刷発行

著者	隈部美千代
発行人	鈴木昌子
編集人	姥　智子
発行所	株式会社　学研パブリッシング
	〒141-8412　東京都品川区西五反田 2-11-8
発売元	株式会社　学研マーケティング
	〒141-8415　東京都品川区西五反田 2-11-8
印刷所	大日本印刷株式会社

撮影	岡本真直
スタイリング	隈部美千代（P33～45、70～93）
	鈴木亜希子（上記以外）
デザイン	木下芽映
構成・文	三浦良江
校閲	麦秋アートセンター
企画・編集	鹿野育子

WECK 提供	cotta（コッタ）
	http://www.cotta.jp
撮影協力	AWABEES、UTUWA
	http://www.awabees.com

この本に関するお問い合わせ
【電話の場合】
●編集内容については
TEL03-6431-1483（編集部直通）
●在庫、不良品（落丁・乱丁など）については
TEL03-6431-1250（販売部直通）
【文書の場合】
〒141-8418　東京都品川区西五反田 2-11-8
学研お客様センター『ジャースイーツ』係

この本以外の学研商品に関するお問い合わせ
TEL03-6431-1002（学研お客様センター）

©Michiyo Kumabe／Gakken Publishing 2015 Printed in Japan
本書の無断転載、複製、複写（コピー）、翻訳を禁じます。
本書を代行業者等の第三者に依頼してスキャンやデジタル化することは、たとえ個人や家庭内の利用であっても、著作権法上、認められておりません。

複写（コピー）をご希望の方は、下記までご連絡ください。
日本複製権センター　http://www.jrrc.or.jp/
E-mail: jrrc_info@jrrc.or.jp　TEL03-3401-2382
Ⓡ＜日本複製権センター委託出版物＞

学研の書籍・雑誌についての新刊情報・詳細情報は下記をご覧ください。
学研出版サイト　http://hon.gakken.jp/